भारत रत्न
पं. मदन मोहन मालवीय

भारत रत्न
पं. मदन मोहन मालवीय

नग्गूराम जी आशा

Lenin Media

First published in India in 2020 by
Lenin Media Pvt. Ltd.

ISBN: 978-81-949928-4-4

Lenin Media Private Limited
204, 2nd Floor, Durga Complex,
CSC. Mayur Vihar-II, New Delhi 110092
Phone: 9818148113
E-mail: leninmediapublishers@gmail.com
Website: www.leninmedia.com

Printed and Bound in
Delhi

₹ 599/-

प्रस्तावना

अनेक महापुरुषों एवं विभूतियों ने भारतवर्ष को अपने श्रेष्ठ कार्यों एवं सद्व्यवहार से गौरवान्वित किया है। उन्ही में से एक महापुरुष थे महामना पण्डित मदन मोहन मालवीय जो अपनी विद्वता, शालीनता और विनम्रता की असाधारण छवि के कारण जन-जन के नायक बन गए। महामना पण्डित मदन मोहन मालवीय जी भारत के स्वतन्त्रता संघर्ष के युग के प्रदीप्त नक्षत्र हैं। उन्नीसवीं शताब्दी के हलचल भरे ऐतिहासिक क्षितिज पर उनका अभ्युदय भारतीय मेधा के चरम उत्कर्ष का निदर्शन है। वे भारतीय चिन्तन की उदारता, भारतीय जीवन पद्धति की सहिष्णुता, भारतीय राजनीतिक आर्थिक बौद्धिक एवं सांस्कृतिक संघर्ष की समुज्ज्वलता के मूर्तिमान् प्रतीक हैं।

काशी हिन्दू विश्वविद्यालय की उस गौरवपूर्ण परम्परा और उसकी प्रतिष्ठा महामना मालवीय जी के पवित्र व्यक्तित्व का स्मरण हमारे लिए प्रेरणा के नवीन द्वार खोलता है। महामना मदन मोहन मालवीय काशी हिन्दू विश्वविद्यालय के प्रणेता होने के साथ ही साथ इस युग के आदर्श पुरुष भी थे। वे भारत के पहले और अन्तिम व्यक्ति थे जिन्हें महामना की सम्मानजनक उपाधि से विभूषित किया गया।

पत्रकारिता, वकालत, समाज सुधार, मातृ भाषा तथा भारत माता की सेवा में अपना जीवन अर्पण करने वाले इस महामानव ने जिस विश्वविद्यालय की स्थापना की उसमें उनकी परिकल्पना ऐसे विद्यार्थियों को शिक्षित करके देश सेवा के लिये तैयार करने की थी जो देश का मस्तक गौरव से ऊँचा कर सकें। मालवीय जी सत्य, ब्रह्मचर्य, व्यायाम, देशभक्ति तथा आत्मत्याग में अद्वितीय थे।

—लेखक

अनुक्रम

1

जीवन वृत्त

महामना मदन मोहन मालवीय काशी हिन्दू विश्वविद्यालय के प्रणेता होने के साथ ही साथ इस युग के आदर्श पुरुष भी थे। वे भारत के पहले और अन्तिम व्यक्ति थे जिन्हें महामना की सम्मानजनक उपाधि से विभूषित किया गया। पत्रकारिता, वकालत, समाज सुधार, मातृ भाषा तथा भारत माता की सेवा में अपना जीवन अर्पण करने वाले इस महामानव ने जिस विश्वविद्यालय की स्थापना की उसमें उनकी परिकल्पना ऐसे विद्यार्थियों को शिक्षित करके देश सेवा के लिये तैयार करने की थी जो देश का मस्तक गौरव से ऊँचा कर सकें। मालवीय जी सत्य, ब्रह्मचर्य, व्यायाम, देशभक्ति तथा आत्मत्याग में अद्वितीय थे।

इन समस्त आचरणों पर वे केवल उपदेश ही नहीं दिया करते थे अपितु स्वयं उनका पालन भी किया करते थे। वे अपने व्यवहार में सदैव मृदुभाषी रहे। कर्म ही उनका जीवन था। अनेकों संस्थाओं के जनक एवं सफल संचालक के रूप में उनकी अपनी विधि व्यवस्था का सुचारु सम्पादन करते हुए उन्होंने कभी भी रोष अथवा कड़ी भाषा का प्रयोग नहीं किया। भारत सरकार ने 24 दिसम्बर 2014 को उन्हें भारत रत्न से अलंकृत किया।

मालवीय का अभिप्राय है मालवा का रहने वाला। किन्तु महापण्डित मदन मोहन मालवीय जी का परिवार मालवा का रहने वाला नहीं था। हां, उनके पूर्वज कभी मालवा देश के रहने वाले थे। किसी समय मालवा, मध्य प्रदेश में कहीं एक

छोटा- सा राज्य था। राज्य तो अब नहीं रहा, हां मालवा अब भी है। बहुत प्राचीन काल की बात है कि उस प्रदेश का शासक मुसलमान था, किन्तु उस राज्य का राजा कोई हिन्दू ही था। मालवीय जी के पूर्वज श्री गौड़ ब्राह्मण कहलाते थे। उन पूर्वजों ने राजा की किसी बात पर रुष्ट होकर उसकी किसी आज्ञा का पालन नहीं किया। इसके बाद कही राजा रुष्ट होकर उन्हें दण्ड न दे, इस आशंका से उन्होंने अपना वह पैतृक स्थान छोड़ दिया। उनमें से कोई कहीं गया, कोई कहीं और। इनमें से कुछ पटना तक भी जा पहुंचे। पटना जाने वालों में महामना के पूर्वज भी थे, जो कालांतर में प्रयाग पहुंच गए। उनमें से भी एक परिवार मिर्जापुर चला गया। इस प्रकार प्रयाग और मिर्जापुर में मालवीयों के ये दो परिवार बढ़कर अब सहस्त्रों की संख्या में हो गए हैं।

प्रयाग में जो परिवार आकर बसे वे सब अपनी मूल ब्राह्मणवृत्ति में ही लगे रहे। नौकरी अथवा व्यापार उन्होंने नहीं किया क्योंकि ये सब ब्राह्मण मूलतया मालवाा के निवासी थे अतः इनको प्रयाग की भाषा में मलई अथवा मालवी कहा जाने लगा। कालांतर में इसका ही परिष्कृत रूप 'मालवीय' बना।

मालवीय जी के वंश में प्रयाग में आकर बसने वालों में चतुर्वेदी विष्णु प्रसाद तथा उनके बाद की वंशावलि ही प्रचलित रही। ये महामना के प्रतितामह अर्थात, परदादा थे। इनके पितामह का नाम था पण्डित प्रेमधर पं. प्रेमधर न केवल संस्कृत के प्रकाण्ड विद्वान ही थे अपितु वे भक्त शिरोमणि भी माने जाते थे।

तत्कालीन प्रयाग और आज के प्रयाग में बहुत अन्तर है। यह तथ्य प्रयाग के प्रसंग में ही नहीं अपितु भारत के किसी भी नगर के विषय में कहा जा सकता है। ज्यो-ज्यों नगरी सभ्यता का विकास होता गया त्यों-त्यों नगरों का भी विस्तार और विकास होता गया। उस समय के छोटे-छोटे से दिखने वाले तथा छोटे-छोटे मकानों वाले नगर आज महान् और उच्च अट्टालिकाओं से भर गए हैं। तब प्रयाग ही इसका अपवाद क्यों रहता। फिर प्रयाग का अपना विशेष महत्त्व था। न केवल त्रिवेणी अपितु 'अक्षय वट' भी वहाँ की विशेषता और आकर्षण का केन्द्र रहा है।

पर्व के दिनों में भारत के सुदूर प्रदेशों से पूरब, पश्चिम, उत्तर, दक्षिण सभी दिशाओं से तीर्थ यात्री प्रयाग में आकर त्रिवेणी में डुबकी लगाकर और अक्षय वट के दर्शन कर पुण्य लाभ लेते। प्रयाग का वह अक्षय वट बहुत पहले ही किले के भीतर आ गया था। 17 वीं शती में बादशाह अकबर ने प्रयाग में एक किला बनवाया था। उसी किले की परिधि के भीतर अब यह अक्षय वट है। भारत के कुछ तथाकथित उदारवादी नेता अकबर को उदारता का अवतार मानते हैं। किन्तु हिन्दुओं के पूज्य तीर्थ स्थान पर अपना किला बनवाना और उसकी परिधि में पवित्र वट को घेर लेना उसकी किस उदारता का परिचायक है, यह सहज ही अनुमान लगाया जा सकता है ? किन्तु आज भी कुछ लोग हैं जो अकबर की उदारता का गुणगान करने में थकते नहीं। अस्तु विभिन्न पर्वों पर प्रयाग में प्रसिद्धि महात्मा, संत, विद्वान और धर्मध्वजी और साधुओं के एकत्रित होने पर वहां ज्ञान और अध्यात्म का संगम होता है।

चतुर्वेदी विष्णुप्रसाद जी के पुत्र प्रेमधर जी के चार पुत्रों में पण्डित ब्रजनाथ सबसे कनिष्ठ थे। शेष वरिष्ठ तीन पुत्र थे-लालजी, बच्चू लाल और गदाधर। हमने ऊपर लिखा है कि पण्डित प्रेमधर प्रकाण्ड पण्डित और विद्वान व्यक्ति थे। पण्डित ब्रजनाथ भी उनकी ही भांति संस्कृत के विद्वान माने जाते थे। ज्योतिष विद्या का उन दिनों भी आज की ही भांति अत्यधिक प्रचलन था। पण्डित ब्रजनाथ उसमें पारंगत थे। यह साधारण बात नहीं कि चौबीस वर्ष का युवक श्रीमद्भागवत् गीता की व्याख्या लिख दे। किन्तु पण्डित ब्रजनाथ ने यह भी कर दिखाया था और वे प्रसिद्धि और रोचक कथावाचक के रूप में भी उसी आयु में प्रसिद्ध हो गए थे। भागवत कथा में उनको प्रवीणता प्राप्त थी। ईश्वर की कृपा से उनकी काया जहाँ बहुत ही भव्य थी वहां उनकी वाणी भी उतनी ही मधुर और प्रेमप्रवाहिनी थी। परिणामस्वरूप उनकी कथाओं में सर्वाधिक जन समूह एकत्रित होता था।

प्रारम्भिक जीवन एवं शिक्षा

पंडित महामना मदन मोहन मालवीय का जन्म भारत के उत्तरप्रदेश के इलाहाबाद शहर में 25 दिसम्बर सन 1861 को एक साधारण परिवार में हुआ था। इनके पिता का नाम ब्रजनाथ और माता का नाम भूनादेवी था। वे अपने माता-पिता से उत्पन्न कुल सात भाई बहनों में पाँचवें पुत्र थे। मध्य के मालवा प्रान्त से प्रयाग आ बसे उनके पूर्वज मालवीय कहलाते थे। आगे चलकर यही

जातिसूचक नाम उन्होंने भी अपना लिया। उनके पिता पण्डित ब्रजनाथ जी संस्कृत भाषा के प्रकाण्ड विद्वान थे। वे श्रीमद्भागवत की कथा सुनाकर अपनी आजीविका अर्जित करते थे।

पाँच वर्ष की आयु में उन्हें उनके माँ-बाप ने संस्कृत भाषा में प्रारम्भिक शिक्षा लेने हेतु पण्डित हरदेव धर्म ज्ञानोपदेश पाठशाला में भर्ती करा दिया, जहाँ से उन्होंने प्राइमरी परीक्षा उत्तीर्ण की। उसके पश्चात वे एक अन्य विद्यालय में भेज दिये गये जिसे प्रयाग की विद्या वर्धिनी सभा संचालित करती थी। यहाँ से शिक्षा पूर्ण कर वे इलाहाबाद के जिला स्कूल में पढ़ने गये। यहीं उन्होंने मकरंद के उपनाम से कवितायें लिखनी प्रारम्भ कीं। उनकी कवितायें पत्र-पत्रिकाओं में खूब छपती थीं। लोगबाग उन्हें चाव से पढ़ते थे। 1879 में उन्होंने म्योर सेण्ट्रल कॉलेज से, जो आजकल इलाहाबाद विश्वविद्यालय के नाम से जाना जाता है, मैट्रीकुलेशन (दसवीं की परीक्षा) उत्तीर्ण की। हैरिसन स्कूल के प्रिन्सिपल ने उन्हें छात्रवृत्ति देकर कलकत्ता विश्वविद्यालय भेजा जहाँ से उन्होंने 1884 ई. में बी.ए. की उपाधि प्राप्त की।

पूर्ण परिचय

अपने हृदय की महानता के कारण सम्पूर्ण भारतवर्ष में महामना के नाम से पूज्य मालवीय जी को संसार में सत्य, दया और न्याय पर आधारित सनातन

धर्म सर्वाधिक प्रिय था। करुणामय हृदय, भूतानुकम्पा, मनुष्यमात्र में अद्वेष, शरीर, मन और वाणी के संयम, धर्म और देश के लिये सर्वस्व त्याग, उत्साह और धैर्य, नैराश्यपूर्ण परिस्थितियों में भी आत्मविश्वास पूर्वक दूसरों को असम्भव प्रतीत होने वाले कर्मों का संपादन, वेशभूषा और आचार-विचार में मालवीय जी भारतीय संस्कृति के प्रतीक तथा ऋषियों के प्राणवान स्मारक थे।

"सिर जाय तो जाय प्रभु! मेरो धर्म न जाय" मालवीय जी का जीवन व्रत था जिससे उनका वैयक्तिक और सार्वजनिक जीवन समान रूप से प्रभावित था। यह आदर्श उन्हें बचपन में ही अपने पितामह प्रेमधर चतुर्वेदी, जिन्होंने 108 दिन निरन्तर 108 बार श्रीमद्भागवत का पारायण किया था, से राधा-कृष्ण की अनन्य भक्ति, पिता ब्रजनाथजी की भागवत-कथा से धर्म-प्रचार एवं माता मूनादेवी से दुखियों की सेवा करने का स्वभाव प्राप्त हुआ था। धनहीन किन्तु निर्लोभी परिवार में पलते हुए भी देश की दरिद्रता तथा अर्थार्थी छात्रों के कष्ट निवारण के स्वभाव से उनका जीवन ओत-प्रोत था। बचपन में जिन आचार-विचारों का निर्माण हुआ उससे रेल में, जेल में तथा जलयान में कहीं पर भी प्रातःसायं संध्योपासना तथा श्रीमद्भागवत और महाभारत का स्वाध्याय उनके जीवन का अभिन्न अंग बना रहा।

मालवीय जी ने प्रयाग की धर्म ज्ञानोपदेश तथा विद्याधर्म प्रवर्द्धिनी पाठशालाओं में संस्कृत का अध्ययन समाप्त करने के पश्चात् म्योर सेंट्रल कालेज से 1884 ई. में कलकत्ता विश्वविद्यालय की बी. ए. की उपाधि ली। इस बीच अखाड़े में व्यायाम और सितार पर शास्त्रीय संगीत की शिक्षा वे बराबर देते रहे। उनका व्यायाम करने का नियम इतना अद्भुत था कि साठ वर्ष की अवस्था तक वे नियमित व्यायाम करते ही रहे।

सात वर्ष के मदन मोहन को धर्मज्ञानोपदेश पाठशाला के देवकीनन्दन मालवीय माघ मेले में ले जाकर मूढ़े पर खड़ा करके व्याख्यान दिलवाते थे। शायद इसका ही परिणाम था कि कांग्रेस के द्वितीय अधिवेशन में अंग्रेजी के प्रथम भाषण से ही प्रतिनिधियों को मन्त्रमुग्ध कर देने वाले मृदुभाषी (सिलवर टंग्ड) मालवीय जी उस समय विद्यमान भारत देश के सर्वश्रेष्ठ हिन्दी, संस्कृत और अंग्रेजी के व्याख्यान वाचस्पतियों में इतने अधिक प्रसिद्ध हुए। हिन्दू धर्मोपदेश, मन्त्रदीक्षा और सनातन धर्म प्रदीप ग्रथों में उनके धार्मिक विचार आज भी उपलब्ध हैं जो परतन्त्र भारत देश की विभिन्न समस्याओं पर बड़ी कौंसिल से

लेकर असंख्य सभा सम्मेलनों में दिये गये हजारों व्याख्यानों के रूप में भावी पीढ़ियों के उपयोगार्थ प्रेरणा और ज्ञान के अमित भण्डार हैं। उनके बड़ी कौंसिल में रौलट बिल के विरोध में निरन्तर साढ़े चार घण्टे और अपराध निर्मोचन बिल पर पाँच घण्टे के भाषण निर्भयता और गम्भीरतापूर्ण दीर्घवक्तृता के लिये आज भी स्मरणीय हैं। उनके उद्धरणों में हृदय को स्पर्श करके रुला देने की क्षमता थी, परन्तु वे अविवेकपूर्ण कार्य के लिये श्रोताओं को कभी उकसाते नहीं थे।

म्योर कालेज के मानसगुरु महामहोपाध्याय पं0 आदित्यराम भट्टाचार्य के साथ 1880 ई0 में स्थापित हिन्दू समाज में मालवीय जी भाग ले ही रहे थे कि उन्हीं दिनों प्रयाग में वाइसराय लार्ड रिपन का आगमन हुआ। रिपन जो स्थानीय स्वायत्त शासन स्थापित करने के कारण भारतवासियों में जितने लोकप्रिय थे उतने ही अंग्रेजों के कोपभाजन भी। इसी कारण प्रिंसिपल हैरिसन के कहने पर उनका स्वागत संगठित करके मालवीय जी ने प्रयागवासियों के हृदय में अपना विशिष्ट स्थान बना लिया।

अन्य उल्लेखनीय कार्य

कालाकाँकर के देशभक्त राजा रामपाल सिंह के अनुरोध पर मालवीय जी ने उनके हिन्दी-अंग्रेजी समाचार पत्र हिन्दुस्तान का 1887 से सम्पादन करके दो-ढाई साल तक जनता को जगाया। उन्होंने कांग्रेस के ही एक अन्य नेता पं0 अयोध्यानाथ का उनके इण्डियन ओपीनियन के सम्पादन में भी हाथ बँटाया और 1907 ई0 में साप्ताहिक अभ्युदय को निकालकर कुछ समय तक उसे भी सम्पादित किया। यही नहीं सरकार समर्थक समाचार पत्र पायनियर के समकक्ष 1909 में दैनिक लीडर अखबार निकालकर लोकमत निर्माण का महान कार्य सम्पन्न किया तथा दूसरे वर्ष मर्यादा पत्रिका भी प्रकाशित की। इसके बाद उन्होंने 1924 ई0 में दिल्ली आकर हिन्दुस्तान टाइम्स को सुव्यवस्थित किया तथा सनातन धर्म को गति प्रदान करने हेतु लाहौर से विश्वबन्धु जैसे अग्रणी पत्र को प्रकाशित करवाया।

हिन्दी के उत्थान में मालवीय जी की भूमिका ऐतिहासिक है। भारतेंदु हरिश्चंद्र के नेतृत्व में हिन्दी गद्य के निर्माण में संलग्न मनीषियों में मकरंद तथा झक्कड़सिंह के उपनाम से विद्यार्थी जीवन में रसात्मक काव्य रचना के लिये ख्यातिलब्ध मालवीय जी ने देवनागरी लिपि और हिन्दी भाषा को पश्चिमोत्तर

प्रदेश व अवध के गवर्नर सर एंटोनी मैकडोनेल के सम्मुख 1898 ई0 में विविध प्रमाण प्रस्तुत करके कचहरियों में प्रवेश दिलाया। हिन्दी साहित्य सम्मेलन के प्रथम अधिवेशन (काशी-1910) के अध्यक्षीय अभिभाषण में हिन्दी के स्वरूप निरूपण में उन्होंने कहा कि " उसे फारसी-अरबी के बड़े-बड़े शब्दों से लादना जैसे बुरा है, वैसे ही अकारण संस्कृत शब्दों से गूँथना भी अच्छा नहीं और भविष्यवाणी की कि एक दिन यही भाषा राष्ट्रभाषा होगी।" सम्मेलन के एक अन्य वार्षिक अधिवेशन (बम्बई-1919) के सभापति पद से उन्होंने हिन्दी-उर्दू के प्रश्न को, धर्म का नहीं अपितु राष्ट्रीयता का प्रश्न बतलाते हुए उद्घोष किया कि साहित्य और देश की उन्नति अपने देश की भाषा द्वारा ही हो सकती है। समस्त देश की प्रान्तीय भाषाओं के विकास के साथ-साथ हिन्दी को अपनाने के आग्रह के साथ यह भविष्यवाणी भी की कि कोई दिन ऐसा भी आयेगा कि जिस भाँति अंग्रेजी विश्व भाषा हो रही है उसी भाँति हिन्दी का भी सर्वत्र प्रचार होगा। इस प्रकार उन्होंने हिन्दी को अन्तर्राष्ट्रीय रूप का लक्ष्य भी दिया।

कांग्रेस के निर्माताओं में विख्यात मालवीय जी ने उसके द्वितीय अधिवेशन (कलकत्ता-1886) से लेकर अपनी अन्तिम साँस तक स्वराज्य के लिये कठोर तप किया। उसके प्रथम उत्थान में नरम और गरम दलों के बीच की कड़ी मालवीय जी ही थे जो गांधी-युग की कांग्रेस में हिन्दू मुसलमानों एवं उसके विभिन्न मतों में सामंजस्य स्थापित करने में प्रयत्नशील रहे। एनी बेसेंट ने ठीक कहा था कि "मैं दावे के साथ कह सकती हूँ कि विभिन्न मतों के बीच, केवल मालवीय जी भारतीय एकता की मूर्ति बने खड़े हुए हैं।" असहयोग आन्दोलन के आरम्भ तक नरम दल के नेताओं के कांग्रेस को छोड़ देने पर मालवीय जी उसमें डटे रहे और कांग्रेस ने उन्हें चार बार सभापति निर्वाचित करके सम्मानित किया। लाहौर (1909 में), दिल्ली (1918 और 1931 में) तथा कलकत्ता (1933 में)। यद्यपि अन्तिम दोनों बार वे सत्याग्रह के कारण पहले ही गिरफ्तार कर लिये गये। स्वतन्त्रता के लिये उनकी तड़प और प्रयासों के परिचायक फैजपुर कांग्रेस (1936) में राष्ट्रीय सरकार और चुनाव प्रस्ताव के समर्थन में मालवीय जी के ये शब्द स्मरणीय हैं कि मैं पचास वर्ष से कांग्रेस के साथ हूँ। सम्भव है मैं बहुत दिन न जियूँ और अपने जी में यह कसक लेकर मरूँ कि भारत अब भी पराधीन है। किंतु फिर भी मैं यह आशा करता हूँ कि मैं इस भारत को स्वतन्त्र देख सकूँगा।

स्वतंत्रता संग्राम में भूमिका

असहयोग आंदोलन के चतुर्सूत्री कार्यक्रम में शिक्षा संस्थाओं के बहिष्कार का मालवीय जी ने खुलकर विरोध किया जिसके कारण उनके व्यक्तित्व के प्रभाव से हिन्दू विश्वविद्यालय पर उसका अधिक प्रभाव नहीं पड़ा। 1921 ई0 में कांग्रेस के नेताओं तथा स्वयंसेवकों से जेल भर जाने पर किंकर्तव्यविमूढ़ वाइसराय लॉर्ड हार्डिंग्ज को प्रान्तों में स्वशासन देकर गांधीजी से सन्धि कर लेने को मालवीय जी ने भी सहमत कर लिया था परन्तु 4 फरवरी 1922 के चौरी चौरा काण्ड ने इतिहास को पलट दियाय गांधीजी ने बारदोली की कार्यकारिणी में बिना किसी से परामर्श किये सत्याग्रह को अचानक रोक दिया।

इससे कांग्रेस जनों में असन्तोष फैल गया और यह खुसुर-पुसुर होने लगी कि बड़ा भाई के कहने में आकर गांधीजी ने यह भयंकर भूल की है। गांधीजी स्वयं भी पाँच साल के लिये जेल भेज दिये गये। इसके परिणामस्वरूप चिलचिलाती धूप में इकसठ वर्ष के बूढ़े मालवीय ने पेशावर से डिब्रूगढ़ तक तूफानी दौरा करके राष्ट्रीय चेतना को जीवित रखा। इस भ्रमण में उन्होंने बहुत बार कुख्यात धारा 144 का उल्लंघन भी किया जिसे सरकार खून का घूँट समझकर पी गयी। परन्तु 1930 के सविनय अवज्ञा आन्दोलन में उसी ब्रिटिश सरकार ने उन्हें बम्बई में गिरफ्तार कर लिया जिस पर श्रीयुत् भगवान दास (भारतरत्न) ने कहा था कि मालवीय जी का पकड़ा जाना राष्ट्रीय यज्ञ की पूर्णाहुति समझी जानी चाहिये। उसी साल दिल्ली में अवैध घोषित कार्यसमिति की बैठक में मालवीय जी को पुनः बन्दी बनाकर नैनी जेल में भेज दिया गया। यह उनकी जीवनचर्या तथा वृद्धावस्था के कारण यथार्थ में एक प्रकार की तपस्या थी। परन्तु सैद्धान्तिक मतभेद के कारण हिन्दू विश्वविद्यालय में प्रिंस ऑव वेल्स का स्वागत और कांग्रेस स्वराज्य पार्टी के समकक्ष कांग्रेस स्वतंत्र दल व रैमजे मैकडोनेल्ड के साम्प्रदायिक निर्णय पर, जिसकी स्वीकृति को मालवीय जी ने राष्ट्रीय आत्महत्या माना। इस प्रकार कांग्रेस की अस्वीकार नीति के कारण निर्णय विरोधी सम्मेलन और राष्ट्रीय कांग्रेस दल का पुनः संगठन करने जैसे उनके कांग्रेस विरोध के उदाहरण भी इतिहास उल्लेखनीय हैं।

धर्म संस्कृति रक्षा

सनातन धर्म व हिन्दू संस्कृति की रक्षा और संवर्धन में मालवीय जी का योगदान अनन्य है। जनबल तथा मनोबल में नित्यश क्षयशील हिन्दू जाति को विनाश से बचाने के लिये उन्होंने हिन्दू संगठन का शक्तिशाली आन्दोलन चलाया और स्वयं अनुदार सहधर्मियों के तीव्र प्रतिवाद झेलते हुए भी कलकत्ता, काशी, प्रयाग और नासिक में भंगियों को धर्मोपदेश और मन्त्रदीक्षा दी। उल्लेखनीय है कि राष्ट्रनेता मालवीय जी ने, जैसा स्वयं पं0 जवाहरलाल नेहरू ने लिखा है, अपने नेतृत्वकाल में हिन्दू महासभा को राजनीतिक प्रतिक्रियावादिता से मुक्त रखा और अनेक बार धर्मों के सह-अस्तित्व में अपनी आस्था को अभिव्यक्त किया।

प्रयाग के भारती भवन पुस्तकालय, मैकडोनेल यूनिवर्सिटी हिन्दू छात्रालय और मिण्टो पार्क के जन्मदाता, बाढ़, भूकम्प, सांप्रदायिक दंगों व मार्शल ला से

त्रस्त दुखियों के आँसू पोंछने वाले मालवीय जी को ऋषिकुल हरिद्वार, गो रक्षा और आयुर्वेद सम्मेलन तथा सेवा समिति, ब्वॉय स्काउट तथा अन्य कई संस्थाओं को स्थापित अथवा प्रोत्साहित करने का श्रेय प्राप्त हुआ, किन्तु उनका अक्षय-कीर्ति-स्तम्भ तो काशी हिन्दू विश्वविद्यालय ही है जिसमें उनकी विशाल बुद्धि, संकल्प, देशप्रेम, क्रियाशक्ति तथा तप और त्याग साक्षात् मूर्तिमान हैं। विश्वविद्यालय के उद्देश्यों में हिन्दू समाज और संसार के हित के लिये भारत की प्राचीन सभ्यता और महत्ता की रक्षा, संस्कृत विद्या के विकास एवं पाश्चात्य विज्ञान के साथ भारत की विविध विद्याओं और कलाओं की शिक्षा को प्राथमिकता दी गयी। उसके विशाल तथा भव्य भवनों एवं विश्वनाथ मन्दिर में भारतीय स्थापत्य कला के अलंकरण भी मालवीय जी के आदर्श के ही प्रतिफल हैं।

वकालत पास करने के बाद मदन मोहन मालवीय प्रयाग के उच्च न्यायालय में पहुँच गए। यहाँ पर वे मुकदमों की पैरवी बड़ी कुशलता और धैर्य के साथ करने लगे। सफल वकील होने के तीन विशेष गुण मालबीय गें विद्यमान थे-मुकदमें की पक्की तैयारी, प्रभावशाली वाणी और अपने मुकदमें को ऐसे ढंग से रखने की कला कि सुनने वाला तत्काल बात मान ले। वे पुराने निर्णयों के उद्धरण और कानूनी तथा तथ्यात्मक पक्ष को ऐसे शांत और प्रामाणिक रीति से प्रस्तुत करते थे कि उनके विरोधी वकीलों को सदा ही उन तथ्यों या तर्कों का खंडन करना कठिन हो जाता था।

अखिल भारतीय संपादक सम्मेलन की स्वागत समिति की अध्यक्षता करते हुए मालवीय जी ने कहा था 'ब्रिटिश सरकार अपनी दमनकारी नीतियों को और अधिक प्रभावशाली बनाने के लिए 'प्रेस एक्ट' और 'न्यूज पेपर एक्ट' जैसे विधान बना रही है। इससे हमारे देश के पत्रों की स्वतंत्रता पूर्णतया समाप्त हो जाएगी।

यदि भारत के संपादक और पत्रकार वीरतापूर्वक इस घातक प्रवृत्ति का विरोध नहीं करते तो भारतीय पत्रों का भविष्य संकटग्रस्त हो जाएगा।'

मालवीय जी बड़े धर्मनिष्ठ सनातनधर्मी थे। उनका सदैव विश्व बंधुत्व गें विश्वास था। उनका हिंदुत्व जातीयता की परिधि से बहुत ऊपर समता, सहृदयता और सर्वग्राही प्रकृति का था। वे धर्म को देश के लिए शांति, समृद्धि और विकास का साधन बनाना चाहते थे। वे धर्म की उन्नति में, देश और समाज की उन्नति और धर्म के उद्धार में देश का उद्धार मानते थे।

मालवीय जी देश की एकता में उन्नति और विकास का प्रतिबिंब देखते थे। उनका कहना था, "भारतवर्ष केवल हिंदुओं का देश नहीं है बल्कि यह तो मुस्लिम, ईसाई और पारसियों का भी देश है। यह देश तभी समुन्नत और शक्तिशाली हो सकता है, जब भारतवर्ष की विभिन्न जातियाँ और यहाँ के विभिन्न संप्रदाय पारस्परिक सद्भावना और एकात्मकता के साथ रहें। जो भी लोग इस एकता को भंग करने का प्रयास करते हैं, वे केवल अपने देश के ही नहीं, वरन् अपनी जाति के भी शत्रु हैं।"

मालवीय जी ने जब हैदराबाद के निजाम के सामने काशी हिंदू विश्विद्यालय के लिए कुछ दान स्वरूप देने को कहा, तो निजाम ने मना कर दिया। एक शवयात्रा के पीछे फेंके जाने वाले पैसों को मालवीय जी इकट्ठा करने लगे। लोगों ने जब इसका कारण पूछा तो उन्होंने बताया कि निजाम और उनके लिए-अर्थात् दोनों के लिए लज्जा की बात होगी कि हैदराबाद से वे खाली हाथ वापस लौटें। यह सुनकर निजाम को कुछ देने के लिए विवश होना पड़ा।

मालवीय जी ने कहा—

मर जाऊं मांगूं न अपने तन के काज।
परमारथ के कारने मोहि न आवे लाज।।

मूल्यांकन

मदन मोहन मालवीय की प्राथमिक शिक्षा प्रयाग के ही श्री धर्मज्ञानोपदेश पाठशाला में हुई जहाँ सनातन धर्म की शिक्षा दी जाती थी। इसके बाद मालवीय जी ने 1879 में इलाहाबाद जिला स्कूल से एंट्रेंस की परीक्षा उत्तीर्ण की और म्योर सेंट्रल कालेज से एफ.ए. की। आर्थिक स्थिति अच्छी न होने के कारण मदन मोहन को कभी-कभी फीस के भी लाले पड़ जाते थे। इस आर्थिक विपन्नता के कारण बी.ए. करने के बाद ही मालवीय जी ने एक सरकारी विद्यालय में 40 रुपए मासिक वेतन पर अध्यापकी शुरु कर दी।

अध्यापकी के दौरान ही मालवीय जी के हृदय में समाज-सेवा की लालसा जग गई। समाज-सेवा में लगे होने के साथ ही साथ 1885 में ये कांग्रेस में शामिल हो गए। इनके जुझारुपन व्यक्तित्व और जोरदार भाषण से लोग प्रभावित होने लगे। समाज-सेवा और राजनीति के साथ ही साथ मालवीय जी हिन्दुस्तान पत्र का संपादन भी करने लगे। बाद में मालवीय जी ने प्रयाग से ही अभ्युदय नामक

एक साप्ताहिक पत्र भी निकाला। पत्रकारिता के प्रभाव और महत्व को समझते हुए मालवीय जी ने अपने कुछ सहयोगियों की सहायता से 1909 में एक अंग्रेजी दैनिक-पत्र लीडर भी निकालना शुरु किया। इसी दौरान इन्होंने एल.एल.बी. भी कर ली और वकालत भी शुरू कर दी। वकालत के क्षेत्र में मालवीय जी की सबसे बड़ी सफलता चौरी चौरा कांड के अभियुक्तों को फाँसी से बचा लेने की थी।

राष्ट्र की सेवा के साथ ही साथ नवयुवकों के चरित्र-निर्माण के लिए और भारतीय संस्कृति की जीवंतता को बनाए रखने के लिए मालवीय जी ने काशी हिन्दू विश्वविद्यालय की स्थापना की। विश्वविद्यालय के निर्माण हेतु धन जुटाने के लिए वे भारत के कोने-कोने में गए। अपने आप को भारत का भिखारी माननेवाले इस महर्षि की मेहनत रंग लाई और 4 फरवरी 1916 को वसंतपंचमी के दिन वाइसराय लार्ड हार्डिंग्ज के द्वारा काशी हिन्दू विश्वविद्यालय की नींव रखी गई। आज भी यह विश्वविद्यालय शिक्षा का एक विख्यात केंद्र है और तभी से पूरे विश्व में ज्ञान का प्रकाश फैला रहा है।

मालवीय जी देशप्रेम, सच्चाई और त्याग की प्रतिमूर्ति थे। एक मनीषी थे और थे माँ भारती के एक सच्चे सपूत। इस मनीषी को सदा दूसरों की चिंता सताती थी अस्तु दूसरों के विकास के लिए, लोगों के कष्टों को दूर करने के लिए ये सदा तत्पर रहते थे। इनका हृदय बड़ा कोमल और स्वच्छ था। दूसरे का कष्ट इनको व्यथित कर देता था। सन 1934 में दरभंगा में भूकम्प पीड़ितों की सेवा और सहायता इन्होंने जी-जान से की थी।

कई लोग मदन मोहन की व्याख्या करते हुए कहते थे कि जिसे न मद हो न मोह, वह है मदन मोहन। इस मनीषी की महानता को नमन करते हुए महा, मना शब्द भी इनके नाम के आगे जुड़कर अपने आप के भाग्यशाली समझने लगे। गाँधीजी इन्हें नररत्न कहते थे और अपने को इनका पुजारी। माँ भारती का यह सच्चा सेवक और ज्ञान, सच्चाई का सूर्य 12 नवम्बर 1946 को सदा के लिए अस्त हो गया।

2

सार्वजनिक जीवन

म्योर सेण्ट्रल कालेज से सन् 1884 में बी.ए. की परीक्षा पास करने के बाद उन्होंने गवर्नमेण्ट हाईस्कूल में जहाँ उन्होंने शिक्षा प्राप्त की थी, 40 रु. मासिक पर अध्यापन आरम्भ किया। यद्यपि वे आगे पढ़ना चाहते थे परन्तु परिवार की कठिनाई के कारण ऐसा सम्भव न हो सका। वे एक सफल अध्यापक सिद्ध हुए। मालवीय जी ने अपने गुरु प्रोफेसर आदित्यराम भट्टाचार्य के प्रोत्साहन से सन् 1880 में ही सार्वजनिक कार्यों में भाग लेना प्रारम्भ कर दिया था तथा प्रयाग हिन्दू समाज नामक संस्था के संचालन में बहुत योगदान किया। पण्डित बालकृष्ण भट्ट के संपादकत्व में प्रकाशित होने वाले पत्र हिन्दी प्रदीप में मालवीय जी ने धार्मिक और सामयिक विषयों पर लेख लिखना प्रारम्भ किया। 1882 में स्वयं स्वदेशी का व्रत लेकर उसका प्रचार भी करने लगे। 1884 में प्रयाग में हिन्दी उद्धारिणी प्रतिनिधि सभा स्थापित हुई, मालवीय जी उसके एक प्रमुख कार्यकर्ता बन गए। 1885 में प्रो0 भट्टाचार्य ने इण्डियन यूनियन के नाम से अंग्रेजी में एक साप्ताहिक पत्र निकालना प्रारम्भ किया जिसके संपादन का अधिकतर उत्तरदायित्व मालवीय जी पर ही था।

सार्वजनिक जीवन की शुरुआत

सन् 1886 में दिसम्बर के अन्तिम सप्ताह में मालवीय जी पं0 आदित्यराम भट्टाचार्य के साथ इण्डियन नेशनल कांग्रेस के द्वितीय सम्मेलन में शामिल होने के

लिए कलकत्ता गए और उन्होंने श्री सुरेन्द्रनाथ बैनर्जी द्वारा प्रस्तुत प्रस्ताव का समर्थन करते हुए प्रतिनिधि संस्थाओं की स्थापना पर बहुत ही उत्तम भाषण दिया जो वाग्मिता का अन्यतम् उदाहरण था। अधिवेशन के अध्यक्ष दादाभाई नौरोजी ने इसे सुनकर कहा कि इस नवयुवक की वाणी में स्वयं भारत माता ही मुखर हो रही हैं। श्री सुरेन्द्र नाथ बैनर्जी ने स्वीकार किया कि यह भाषण मेरे सुने भाषणों में सबसे अच्छा था जिसका कांग्रेस के प्रतिनिधियों के हृदय पर गहरा प्रभाव पड़ा। इस भाषण ने उन्हें कांग्रेस के भावी नेता के रूप में निर्दिष्ट कर दिया। ह्यूम साहब ने अपनी रिपोर्ट में लिखा है कि मालवीय जी का यह भाषण श्रोताओं ने तन्मय होकर सुना। 1887 में हरिद्वार में सनातन धर्मावलम्बियों की एक बड़ी सभा में भारत धर्म महामण्डल की नींव पड़ी और शीघ्र ही वे भारत धर्म महामण्डल के महोपदेशकों में गिने जाने लगे। लगभग पन्द्रह वर्ष इस संस्था से उनका गहरा सम्बन्ध बना रहा और इसके तत्वावधान में आयोजित सम्मेलनों और सभाओं में सनातन धर्म और हिन्दू संस्कृति आदि विषयों पर वे व्याख्यान देते रहे।

कलकत्ता कांग्रेस अधिवेशन में मालवीय जी के द्वारा दिये गये भाषण से राजा रामपाल सिंह अत्यन्त प्रभावित हुए। उन्होंने कालाकांकर प्रतापगढ़ से स्वयं द्वारा प्रकाशित हिन्दी समाचार पत्र हिन्दोस्थान के सम्पादन हेतु अनुरोध किया। मालवीय जी ने जुलाई सन् 1887 में अध्यापन का कार्य छोड़कर हिन्दोस्थान के सम्पादक का उत्तरदायित्व ग्रहण किया। उनके सम्पादकत्व में हिन्दोस्थान ने पर्याप्त लोकप्रियता अर्जित की। तत्कालीन समस्याओं पर उनके सम्पादकीय लेख और टिप्पणियाँ संतुलित और प्रेरणास्पद होती थीं। सम्पादकीय शालीनता का पालन,सत्पथ का समर्थन, राष्ट्रिहत की पुष्टी, व्यक्तिगत कटाक्ष से निर्मुक्त समालोचना उनकी पत्रकारिता के गुण थे। सरकार भी उनके पत्र की लोकोपयोगिता स्वीकार करती थी। राजा साहब मालवीय जी के कार्य से पूरी तौर पर सन्तुष्ट थे और उनका बड़ा आदर करते थे।

मालवीय जी कालाकांकर में रहकर सम्पादन का कार्य करते समय प्रति सप्ताह प्रयाग आ जाते थे और देश की राजनीतिक प्रगति में यथासम्भव सक्रिय योगदान करते थे। दिसम्बर सन् 1887 ई0 में उन्होंने अपने प्रान्त से चालीस से अधिक प्रतिनिधि जुटाकर कांग्रेस के मद्रास अधिवेशन में भाग लिया। इस अवसर पर वे कांग्रेस द्वारा अपने प्रान्त के पोलिटिकल एसोसिएशन तथा स्थायी

कार्यसमिति के मन्त्री नियुक्त किये गये और उनके निमन्त्रण पर अगले वर्ष प्रयाग में कांग्रेस का अधिवेशन करने का निर्णय किया गया।

सन् 1889 में कालाकांकर से प्रयाग लौट आने पर मालवीय जी पण्डित अयोध्यानाथ के नेतृत्व में अंग्रेजी दैनिक इण्डियन ओपिनियन में सह-सम्पादक का काम करने लगे और साथ ही उन्होंने वकालत की पढ़ाई भी शुरू कर दी।

वकालत

सन् 1891 में वकालत की परीक्षा पास करके मालवीय जी ने पंडित बेनीराम कान्यकुब्ज के साथ जिला अदालत में काम करना शुरू किया। दो वर्ष बाद हाईकोर्ट में वकालत करने लगे। धीरे-धीरे वकालत के काम में उनकी व्यावसायिक प्रगति होती गयी। हाईकोर्ट में वकालत निश्चय ही कीर्ति और धनप्राप्ति दोनों का ही अच्छा साधन था। यदि वे लग कर उसे ही करते रहते तो अवश्य ही सुख-समृद्धि का जीवन व्यतीत कर सकते थे। सर तेजबहादुर सप्रू ने लिखा है, वकालत प्रारम्भ करने के थोड़े वर्षों के भीतर दीवानी के पक्ष में मालवीय जी की अच्छी वकालत चमक उठी थी, जिससे उनका नाम पण्डित सुन्दरलाल, पं. मोतीलाल नेहरू और श्री चौधरी के पश्चात् लिया जाने लगा था। वकालत में वे अत्यन्त तीव्र मेधावाले वकील के रूप में प्रसिद्ध थे। पर लक्ष्मी उन्हें आकर्षित नहीं कर सकीं। राष्ट्रसेवा ही उनका मुख्य कार्य बना रहा। 1908 में उन्होंने वकालत का व्यवसाय कम करने का और 1910 में छोड़ देने का निश्चय किया और अंततः 1913 में बिल्कुल छोड़ दिया। वकालत छोड़कर सारा जीवन राष्ट्र की उन्नति में लगा देने का निर्णय अवश्य ही मालवीय जी के त्याग का उच्चतम उदाहरण है।

श्री गोपालकृष्ण गोखले ने कहा था, "त्याग तो मालवीय जी महाराज का है। वे निर्धन परिवार में उत्पन्न हुए और बढ़ते-बढ़ते प्रसिद्ध होकर सहस्रों रुपया मासिक कमाने लगे। उन्होंने वैभव का स्वाद लिया और जब देश से मातृभूमि की सेवा की पुकार उठी तो उन्होंने सब कुछ त्यागकर पुनः निर्धनता स्वीकार कर ली।"

इस दशक में उनका सबसे महत्वपूर्ण काम अदालतों में देवनागरी लिपि के प्रयोग को सरकार द्वारा स्वीकृत कराना था। नवम्बर 1889 में पण्डित

बालकृष्ण भट्ट के प्रयास से तथा बहुमत से नवयुवकों के उत्साह से मालवीय जी के निवास स्थान के निकट भारती भवन के नाम से एक पुस्तकालय स्थापित हुआ। वकालत के जमाने से मालवीय जी ने प्रयाग की भरपूर सेवा की। उसके सांस्कृतिक, राजनीतिक, सामाजिक और आर्थिक जीवन को समृद्ध किया। वे नगरपालिका के वरिष्ठ उपाध्यक्ष रहे तथा यह सम्बन्ध 1916 तक बना रहा।

मालवीय जी ने प्रयाग में हिन्दू विद्यार्थियों के रहने के लिए एक छात्रावास के निर्माण के निमित्त प्रान्त में घूम-घूमकर चन्दा एकत्र किया। 1903 में ढाई लाख रुपये की लागत से छात्रावास तैयार हो गया।1907 में मालवीय जी ने यू.पी. इण्डस्ट्रियल कान्फ्रेंस औद्योगिक सम्मेलन का अधिवेशन प्रयाग में आयोजित किया तथा प्रयाग इण्डस्ट्रियल एसोसियेशन की स्थापना की। सन् 1907 में ही वसन्त पंचमी के दिन मालवीय जी ने अपने राजनीतिक और सांस्कृतिक विचारों के प्रसार के लिए हिन्दी अभ्युदय नाम का साप्ताहिक निकालना प्रारम्भ किया।

उन्होंने दो वर्षों तक स्वयं उसका सम्पादन किया। उसके बाद राजर्षि पुरुषोत्तमदास टण्डन ने उसका कार्यभार संभाला।

सम्पूर्ण व्यक्तित्व का विकास

महामना पं0 मदन मोहन मालवीय शिक्षा को मानव विकास का मूल मानते थे, लेकिन उनकी शिक्षा की परिकल्पना मात्र डिग्री प्राप्त करने तक नहीं बल्कि व्यक्तित्व के सर्वांगीण विकास के उद्देश्य निर्धारण हेतु व्यापक थी। इसकी बुनियाद समग्र व्यक्तित्व भौतिक एवं आध्यात्मिक दोनों पक्षों के विकास से प्रेरित थी। महामना की दृष्टि भारतीय परंपरा से ओत-प्रोत नैतिकता तथा धार्मिक आचरण भावनात्मक रूप से गुरुजनों के प्रति आदर कला और सौन्दर्य के प्रति स्वाभाविक प्रवृत्ति तथा देशभक्ति से ओत-प्रोत पीढ़ियों के निर्माण की थी। काशी हिन्दू विश्वविद्यालय उनकी इसी परिकल्पना का जीवन्त मन्दिर है। उन्होंने इसी उद्देश्य को ध्यान में रखकर बड़े खेल के मैदान व्यायामशालाओं, गौशाला, गीता व्याख्यानमाला तथा मूल उदेश्य के रूप में पाठ्यक्रम में धार्मिक शिक्षा को शामिल किया। काशी हिन्दू विश्वविद्यालय विधेयक को तत्कालीन वायसराय की विधिक परिषद् (1915) द्वारा मंजूरी देते समय कतिपय सदस्यों ने धार्मिक शिक्षा

की अनिवार्यता के प्रति संदेह व्यक्त किया था। महामना का प्रत्युत्तर सर्वधर्म समाभाव का सार्वकालिक प्रतिस्थापन है तथा उससे सभी सदस्य संतुष्ट हो गये। उन्होंने कहा कि प्रस्तावित विश्वविद्यालय मतान्ध नहीं होगा तथा यहाँ संकुचित साम्प्रदायिकता को आश्रय नहीं दिया जायेगा वरन उन व्यापक और उदार धार्मिक भावनाओं को प्रोत्साहित किया जायेगा जो मनुष्य और मनुष्य के बीच भ्रातृत्व की भावना का विकास करें।

महामना ने आशा व्यक्त की कि ज्योति और जीवन का यह केन्द्र जो अस्तित्व में आ रहा है उन छात्रों को तैयार करेगा जो ज्ञान में संसार के दूसरे मार्गों के छात्रों के समान ही नहीं होंगे वरन् उत्तम जीवन बिताने में ईश्वर भक्ति व देशप्रेम में भी परिशिक्षित होंगे। 1929 में दीक्षांत भाषण देते हुए महामना ने छात्रों से कहा जो शिक्षा तुमने यहाँ प्राप्त की है वह व्यर्थ है यदि उसने तुममें अपने देश को स्वतंत्र और स्वशासित देखने की उत्कट आकांक्षा नहीं पैदा की।

यहाँ यह ध्यान रखना चाहिए कि महामना मालवीय जी ने विश्वविद्यालय स्थापना की मूल दृष्टि में राष्ट्रनिर्माण को मूल लक्ष्य रखा था। इसी उत्कट उद्देश्य से प्रौद्योगिकी तथा अभियांत्रिकी विज्ञान कृषि मानविकी विधि तथा अन्य ऐसी सभी विधाओं के शिक्षण की व्यवस्था की थी जिनकी राष्ट्र को जरूरत थी। आज जब विश्वविद्यालय अपनी स्थापना की शताब्दी की तरफ अग्रसर है (1916-2015) तब हम गर्व के साथ कह सकते हैं कि जितनी सेवा देश की काशी हिन्दू विश्वविद्यालय के छात्रों ने की है वह अतुलनीय है। उन्होंने देश की आधारभूत संरचना को निर्मित करने में प्रभूत योगदान किया है तथापि महामना गुरुजनों का आदर विश्वविद्यालय की सेवा उसकी मान मर्यादा और गौरव की रक्षा छात्रों के लिए परम आवश्यक समझते थे।

महामना मालवीय जी स्त्री शिक्षा के प्रबल पक्षधर थे। उनके विचार से स्त्री शिक्षा पुरुषों से अधिक जरूरी है क्योंकि यह पीढ़ियों का निर्माण करती है। उनका कथन है वे हमारे भावी राजनीतिज्ञों विद्वानों तत्त्वज्ञानियों व्यापार तथा कला कौशल आदि की प्रथम शिक्षिकाएँ हैं। विधायी परिषद में बोलते हुए उन्होंने कहा था कि एक राष्ट्रीय कार्यक्रम के आधार परस्त्रियों को इस तरह शिक्षित किया जाए कि उनमें प्राचीन तथा नवीन सभ्यताओं के सभी सद्गुणों का समन्वय हो और जो अपनी शिक्षा द्वारा भावी भारत के पुनर्निमाण

में पुरुषों से पूर्णरूप से सहयोग कर सकें। सन् 1911 के गोखले विधेयक पर बोलते हुए उन्होंने कहा था समाज के आधे भाग को ज्ञान की ज्योति से तथा उस उत्कृष्ट जीवन से जो ज्ञान द्वारा संभव है वंचित रखना बहुत दुःखदायी होगा।

उनके विचार में विद्यार्थियों का चरित्र-निर्माण शिक्षा का प्राथमिक लक्ष्य है। सज्जनता विहीन ज्ञान उनकी दृष्टि में निरर्थक है। वे जीवनोत्कर्ष और राष्ट्र की उन्नति दोनों के लिए चरित्र निर्माण को बौद्धिक तथा व्यावसायिक विकास से कहीं अधिक आवश्यक समझते थे। उनकी तो धारणा थी कि पारस्परिक सद्भाव तथा सहयोग के बिना व्यावसायिक उन्नति हो ही नहीं सकती और जीवन में सद्भाव और सहयोग को विकसित करने के लिए चरित्र का निर्माण आवश्यक है। उनके विचार में चरित्र ही मनुष्य को बनाता है सदाचार मनुष्य का परम धर्म है। उसकी रक्षा मनुष्य का पुनीत कर्तव्य तथा उसकी वृद्धि उसका परम पुरुषार्थ है। मालवीय जी का कहना था कि राष्ट्र के प्रत्येक व्यक्ति को आचार के ही शासन से सदा शासित तथा प्रभावित रहना चाहिए तभी उनमें विश्वास मृदु भाषण तथा व्यवहार की सच्चाई और सद्गुणों का विकास हो सकता है।

आचरण की शुद्धि पुष्टी और परिपक्वता के लिए मालवीय जी धर्म नागरिकता और नैतिकता की शिक्षा आवश्यक समझते थे। उनकी धर्म की व्याख्या नैतिकता से ओतप्रोत और नागरिकता से समन्वित थी। वे देश भक्ति को धर्म का महत्वपूर्ण अंग स्वीकार करते थे। उनकी नैतिकता बहुत अंशों में धर्मग्रन्थों में प्रतिपादित नैतिक आदर्शों पर आश्रित थी। आत्मोपम व्यवहार तथा निःस्पृही लोकसेवा उसके सर्वोत्तम सद्गुण थे। और वे दोनों श्रीमद्भगवद्गीता द्वारा प्रतिपादित समत्व निश्काम सेवा तथा ईश्वरार्पण सत्कर्म के सिद्धान्तों पर आधारित थे। उनकी नागरिकता की व्याख्या लोकतांत्रिक थी। वह पाश्चात्य विद्वानों द्वारा प्रतिपादित लोकतांत्रिक सिद्धान्तों पर आधारित थी। उनके विचार जड़ता से रहित और आधुनिकता से प्रभावित और समन्वित थे। उनकी मूलधारणाएँ निर्विवाद थीं। वे कहते थे कि। सद्भावनाओं से अनुप्राणित सदाचार से विभूषित जीवन ही आत्मोत्कर्ष और जनकल्याण का उत्तम साधन हो सकता है। देश प्रेम की शिक्षा ही राष्ट्र का उद्धार कर सकती है। निःस्पृह देश भक्त ही राष्ट्र की सच्ची ठोस सेवा कर सकता है। लोकतान्त्रिक चरित्र और नागरिकता के मूल

सिद्धान्तों पर आधारित लोकतांत्रिक चरित्र और व्यवहार ही लोकतन्त्र को स्थायी सुदृढ़ और जनोपयोगी बना सकता है।

मालवीय जी के विचार में मानव के सर्वांगीण विकास तथा उत्कृष्ट आनन्दमय जीवन के लिए विकासोन्मुखी व्यापक शिक्षा तथा चरित्र निर्माण के साथ-साथ स्वस्थ निर्मल जीवन ज्ञान-विज्ञान का विस्तार ललित कलाओं के प्राति अभिरुचि तथा सुख-साधन की भौतिक सुविधाएँ भी आवश्यक हैं। स्वास्थ्य की रक्षाए शारीरिक शक्ति की पुष्टि को वे मानव का पुनीत कर्तव्य मानते थे। वे शरीर की रक्षा और पुष्टि के लिए युक्त आहार-विहार तथा ब्रह्मचर्य और व्यायाम आवश्यक समझते थे।

वे चाहते थे कि प्रत्येक विद्यार्थी पच्चीस वर्ष तक ब्रह्मचर्य का पालन करे तथा नित्य नियमित रूप से व्यायाम करे। उनका कहना था कि ब्रह्मचर्य ही हमें वह आत्मबल देता है जिसके द्वारा हम संसार में सभी कष्टों और बाधाओं का साहस के साथ सामना कर सकते हैं। वे प्रत्येक विद्यालय में व्यायाम के साधनों का समुचित प्रबन्ध आवश्यक समझते थे। उनके विचार में कतिपय प्राचीन और अर्वाचीन क्रीड़ा और व्यायाम के उपकरण स्वास्थ्य की रक्षा और शरीर की पुष्टि के साथ-साथ मनोरंजन तथा पारस्परिक सद्भाव और सहयोग की क्षमता की वृद्धि के उत्तम साधन भी बन सकते हैं और उनका प्रबन्ध विषेश रूप से वांछनीय है।

मालवीय जी यह भी चाहते थे कि विद्यालयों में संगीत, काव्य, नाटयकला, चित्रकला, वास्तुकला तथा मूर्तिकला आदि ललित कलाओं की शिक्षा का भी प्रबन्ध हो और उनमें से कम-से-कम किसी एक कला में विद्यार्थी अवश्य ही दिलचस्पी लें। उनके विचार में कलाविहीन जीवन शुष्क और नीरस है जबकि ललित कलाओं का ज्ञान उनको परखने की क्षमता तथा शुद्ध भावनाओं के साथ उनके प्रति अभिरुचि और समयानुकूल उनका अभ्यास जीवन को सरस और आनन्दमय बनाता है।

मालवीय जी को अपने पूर्वजों की सांस्कृतिक देन पर गर्व था। वे चाहते थे कि भारतीय विधाओं के अध्ययन अध्यापन तथा अनुसंधान का समुचित प्रबन्ध हो तथा सभी विद्यार्थियों को उनकी रूपरेखा की जानकारी करायी जाये। उनकी धारणा थी कि वह शिक्षा-पद्धति अपूर्ण ही नहीं निरर्थक और हानिकर है जिसके द्वारा नवयुवक को अपने देश और समाज की बौद्धिक

समृद्धि की ठीक-ठीक जानकारी न हो सके। उनके विचार में वह व्यक्ति क्या शिक्षित है जिसका जीवन अपने पूर्वजों के सद्‌गुणों से अनुप्राणित नहीं जिसे अपने पूर्वजों की महत्त्वपूर्ण देन का कोई ज्ञान नहीं जिसे अपने देश के इतिहास की सही-सही जानकारी नहीं जिसमें अपने जीवन को जनता से आत्मसात् करने की क्षमता नहीं। यद्यपि मालवीय जी भारतीय वांग्मय का अध्ययन-अध्यापन पूर्वजों की कीर्ति की रक्षा और पुष्टि सामाजिक उन्नति के लिए आवश्यक समझते थे तथापि उनका सांस्कृतिक दृष्टीकोण उनकी बौद्धिक मान्यतायेंव्यापक और उदार थीं। वे ज्ञान को किसी विशिष्ट जाति या देश की बपौती नहीं समझते थे। वे यह कभी नहीं मानते थे कि हमारे पास सब कुछ है हमें दूसरों से कुछ लेना नहीं है। वे स्वीकार करते थे कि हमारे पूर्वजों की तरह दूसरे देश के विद्वानों ने भी अपनी प्रतिभा और योग्यता से संसार को अलंकृत किया है। सभी विद्वानों का आदर तथा ज्ञान का आदान-प्रदान वे मानव प्रगति और राष्ट्र की उन्नति के लिए आवश्यक समझते थे। वे दूसरे देशों के विद्वानों के युक्तियुक्त समाजोपयोगी विचारों को ग्रहण करने को सदा तैयार रहते थे। वे मनु, भीष्म वशिष्ठ, शुक्र आदि विद्वानों के इस विचार से सहमत थे कि हमें अपने गुरुओं और पूर्वजों के सद्‌गुणों को ग्रहण करते हुए सब विद्वानों के युक्तियुक्त विचारों को शुभ ज्ञान को विनयपूर्वक स्वीकार करना चाहिये उनका अध्ययन-अध्यापन करना चाहिये।

इस तरह मालवीय जी भारतीय विद्यार्थियों के लिए प्राचीन भारतीय दर्शन साहित्य संस्कृति और अन्य विधाओं के साथ-साथ अर्वाचीन नीतिशास्त्र समाज-विज्ञान, मनोविज्ञान, विधिविज्ञान, अर्थशास्त्र और राजनीति का अध्ययन आवश्यक समझते थे। वास्तव में वे इन सब विषयों के प्राचीन भारतीय और अर्वाचीन पाश्चात्य विद्वानों के विचारों का तुलनात्मक और समन्वयात्मक अध्ययन आवश्यक समझते थे। वे विश्वज्ञान का समन्वय तथा विश्व के विद्वानों के सहयोगात्मक प्रयासों को मानव उन्नति के लिए आवश्यक समझते थे।

मालवीय जी का अपना काशी हिन्दू विश्वविद्यालय एक प्रकार से उनकी अपनी कल्पना का प्रतीक था। वह प्राच्य और अर्वाचीन विद्याओं का संगम विश्व ज्ञान का विद्यामंदिर था। वर्तमान सभ्यता की अनुकरणीय तथा लाभदायक बातों के साथ भारतीय सभ्यता का उचित सामंजस्य उसका उद्देश्य था। प्राचीन

भारतीय आयुर्वेद के साथ अर्वाचीन शल्यशास्त्र की शिक्षा का मेल आयुर्वेदिक औषधियों का वैज्ञानिक परीक्षण तथा उन पर अनुसंधान विभिन्न विषयों पर प्राच्य और अर्वाचीन ज्ञान का तुलनात्मक और समन्वयात्मक अध्ययन प्राचीन भारतीय संस्कृति, दर्शनशास्त्र, साहित्य और इतिहास के गम्भीर अध्ययन-अध्यापन के साथ-साथ आधुनिक मनोविज्ञान, नीतिविज्ञान, दर्शनशास्त्र, अर्थशास्त्र, राजनीतिविज्ञान आदि का अध्ययन-अध्यापन वेद वेदांग तथा संस्कृतसाहित्य और वाङ्मय की शिक्षा के अतिरिक्त आधुनिक ज्ञान-विज्ञान, धातुविज्ञान, खननविज्ञान, विद्युत इंजीनियरिंग, यांत्रिक इंजीनियरिंग, कृषिविज्ञान आदि का अध्ययन इसकी विशेषज्ञता थी।

यहाँ ईश्वर-भक्ति के साथ-साथ देशभक्ति की शिक्षा दी जाती थी और विद्यार्थियों को राष्ट्र के जीवन का ज्ञान कराया जाता था। उन्हें समाज की सेवा के लिए प्रोत्साहित कराया जाता था। मालवीय जी की कामना थी कि उनका विश्वविद्यालय जीवन और ज्योति का केन्द्र बने और यहाँ के विद्यार्थी ज्ञान में

संसार के दूसरे प्रगतिशील देशों के विद्यार्थियों के समान हों तथा उत्कृष्ट जीवन बिताने के योग्य बनें देशभक्ति और भगवद्भक्ति से अपने जीवन को अनुप्राणित कर समाज की सेवा करें।

मालवीय जी चाहते थे कि जिस तरह प्राचीनकाल में भारत में गुरु सर्वसम्मानित था उसी तरह अब भी सरकार, अधिकारी और विद्यार्थी गुरुओं के मान की रक्षा तथा उनके गौरव की वृद्धि अपना कर्तव्य समझें। इसके बिना शिक्षा की सुव्यवस्था असंभव है।

'तिरोधानः'

कायाकल्प के बाद से ही मालवीय जी का स्वास्थ्य ठीक नहीं रहता था। फिर भी भगवान आशुतोष से उन्होंने कुछ और वर्षों के जीवन की मांग की और अन्ततः 12 नवम्बर 1946 की गोधूलि में अपनी स्वाभाविक शांत मुद्रा में उन्होंने प्राण छोड़े। मालवीय जी के तिरोधान का समाचार पूरे देश में फैल गया। लोग विलाप कर उठे। चिराग अपनी रोशनी लेकर अनन्त में विलीन हो चला। लोग शोकाकुल हो गये तथा काशी हिन्दू विश्वविद्यालय दस दिनों के लिए बन्द कर दिया गया। देशभर में शोकांजलि अर्पित की गयीं। महामना की अन्तिम यात्रा अब भी काशीवासियों के लिए अविस्मरणीय घटना है।

उनके तिरोधान पर गांधी जी ने, जो उस समय नोआखाली के गाँवों में भ्रमण कर रहे थे लिखा-"मालवीय जी अमर है प्रारम्भिक यौवन से लेकर परिपक्व वृद्धावस्था तक परिश्रम ने उन्हें अमर बना दिया है। वे अपने अनुयायियों के सेवक थे। समझौते की भावना उनके स्वभाव का अंग था। उनका जीवन पवित्रता का मूर्तिमान रूप था। वे करुणा और कोमलता के निधान थे। महात्माजी ने तो सन् 1931 में एक संदेश में लिखा था-"आज मालवीय जी के साथ देशभक्ति में कौन मुकाबला कर सकता है। यौवनकाल से प्रारम्भ कर आज तक उनकी देशभक्ति का प्रवाह अविच्छिन्न चला आया है। पण्डित जवाहरलाल नेहरू ने कहा, "हमें अत्यन्त शोक है कि हम अब उस उज्ज्वल नक्षत्र का दर्शन नहीं कर सकेंगे जिसने हमारे जीवन में प्रकाश दिया, बाल्यकाल से ही प्रेरणा दी तथा भारत से प्रेम करना सिखाया।"

डॉ राजेन्द्र प्रसाद ने लिखा, "एक महान् व्यक्तित्व आज संसार से उठ गया। पं. मालवीय जी के काम और नाम से भावी पीढ़ी को यह प्रेरणा

मिलेगी कि दृढ़ शक्ति से मनुष्य के लिए सब कुछ सम्भव है। मालवीय जी की सेवाएँ बहुत ऊंची हैं और कुछ शब्दों में उसका वर्णन नहीं किया जा सकता। मालवीय जी के रिक्त स्थान की पूर्ति नहीं हो सकती, वे सच्चे देशभक्त थे।''

आचार्य नरेन्द्रदेव ने फैजाबाद में एक शोकसभा की अध्यक्षता करते हुए कहा, ''मालवीय जी भारत के गौरव स्तम्भ थे। उनकी देशभक्ति और सेवा भारतीयों को नया उत्साह देती रहेगी। देश की पुकार पर उन्होंने अपनी वकालत छोड़ दी। देश में शिक्षा का प्रचार कर उन्होंने अमूल्य सेवा की है। हिन्दू विश्वविद्यालय अब उनका सर्वोत्तम स्मारक है। श्री रफी अहमद किदवई ने कहा कि ''मालवीय जी के निधन से देश ने एक महान् निर्माता खो दिया है''। सरदार अब्दुलखान निष्तर ने कहा, ''मालवीय जी की मृत्यु से भारतीय रंगमंच से एक महान व्यक्ति उठ गया। वे महान विधानवादी ही नहीं, अपितु एक महान शिक्षा प्रचारक और सुधारक थे''।

'आधुनिक भारत के निर्माता'

पण्डित मदन मोहन मालवीय जी जिन्हें लोग सामान्यतः केवल महमना मालवीय के नाम से जानते हैं मूर्धन्य राष्ट्रीय नेताओं में अग्रणी थे। जितनी श्रद्धा और जितना आदर उनके लिए शिक्षित वर्ग में था। उतना ही साधारण वर्ग में भी था। देश की जनता में जितने लोकप्रिय मालवीय जी थे उतना गाँधी जी और लोकमान्य तिलक के सिवा शायद ही कोई अन्य नेता रहा हो। मालवीय जी की विद्वत्ता असाधारण थी और वे अत्यन्त सुसंस्कृत व्यक्ति थे। विनम्रता एवं शालीनता उनमें कूट-कूट कर भरी थी। वे अपने युग के सर्वश्रेष्ठ वक्ता थे। वे संस्कृत हिन्दी तथा अंग्रेजी तीनों ही भाषाओं में निष्णात थे।

मालवीय जी का शरीर भव्य एवं सुन्दर तथा उनका व्यक्तित्व अत्यन्त प्रभावोत्पादक था। वे वेशभूषा में ही नहीं अपितु खान-पान तथा व्यवहार में भी सादगी की मूर्ति थे। ऋषिकल्प महामना जी एक दृढ़ आस्तिक तथा धर्मपरायण महापुरुष थे। काशी हिन्दू विश्वविद्यालय जो उनकी सर्वोत्तम कृति है में उन्होंने शिक्षा की आधुनिक पद्धति तथा साधनों का पूरा उपयोग किया। उन्हीं के शब्दों में वस्तुतः यह अखिल भारतीय विश्वविद्यालय है। उनका जीवन ही युवकों के लिए महान प्रेरणास्रोत था।

उनके स्तर के किसी अन्य नेता के पास जनसाधारण की पहुँच उतनी सहज नहीं थी जितनी मालवीय जी के पास। लोग उनके साथ इतने ही प्रेम से बात कर सकते थे मानों वे उनके पिता, बन्धु अथवा मित्र हों निर्धनों एवं पीड़ितों की सेवा सहायता करना उनके जीवन का आदर्श ही नहीं था अपितु उनके जीवन की वास्तविकता थी। लोक सेवा का कार्य उनके लिए लोकप्रियता अथवा प्रतिष्ठा प्राप्त करने का साधन नहीं था। गाँधी युग से पहले राजनीतिक तथा सामाजिक क्षेत्र में मालवीय जी का अद्वितीय स्थान था और गाँधीयुग में भी पहले की ही भांति वे जनता के विश्वास भाजन बने रहे। इतनी शक्ति और प्रतिष्ठा प्राप्त होते हुए भी वे असाधारण रूप से विनम्र थे। अहंकार अथवा गर्व उनमें लेशमात्र भी नहीं था।

महात्मा गाँधी उन्हें बराबर अपना बड़ा भाई मानते थे। वे मालवीय जी को आधुनिक भारत का निर्माता कहा करते थे। पंडित नेहरू ने कहा है। "मालवीय जी एक महामानव थे। वे उन लोगों में थे जिन्होंने आधुनिक भारतीय राष्ट्रीयता की नींव रखी।" एक अन्य अवसर पर पंडित जवाहरलाल नेहरू ने कहा है "कांग्रेस जब से शुरू हुई वे महामना मालवीय जी हमारे राजनीतिक आन्दोलन की खास पहचान रहे हैं। उसे शुरू करने में बनाने में और बढ़ाने में मालवीय जी का बहुत बड़ा हिस्सा रहा है। इसमें कोई शक नहीं कि भारतीय राजनीति में मालवीय जी अगुआ भी रहे और कड़ी भी रहे। वे उन लोगों को जोड़ते जो कांग्रेस में आगे पीछे गिने जाते थे यानी नरम और गरम दल वालों को। उनका स्वभाव ही बहुत विरोध करने का नहीं था। वह तो एक बहुत ऊँचे दर्जे की बात है कि वे अपनी राय पक्की रखते हुए भी सबसे मिलकर रहते थे और दूसरों को मिलाने की कोशिश करते थे।

उस समय के उन बड़े नेताओं में प्राचीन संस्कृति की ओर सबसे अधिक ध्यान मालवीय जी का रहा। यह एक अच्छी ही बात थी। यह वैसे भी अच्छी होती लेकिन उस समय की स्थिति विशेष में तो यह बहुत ही अच्छी थी क्योंकि देश कुछ भटक रहा था या मानो भटक गया था। वे रोकते थे अंग्रेजियत की बाढ़ को पर विरोध करके नहीं बल्कि अपने काम से अपने विचारों से और कोशिश करते थे अपनी संस्कृति को बढ़ाने की। यह बड़ी भारी बात थी। विश्वविद्यालय के सामने उद्देश्य था लक्ष्य था आजकल के जमाने में विद्वान् और विज्ञान की औलाद यानी तकनीकी उद्योग वगैरह को पुरानी भारतीय संस्कृति के साथ

जोड़ना। एक माने में यह सबसे बड़ा काम था भारत के लिए। अब भी है क्योंकि यह एक दो रोज का तो काम नहीं है।"

सनातन धर्म का विराट अधिवेशन

सन् 1906 ई. में इलाहाबाद के कुम्भ के अवसर पर उन्होंने सनातन धर्म का विराट अधिवेशन कराया, जिसमें उन्होंने सनातन धर्म-संग्रह नामक एक वृहत ग्रंथ तैयार कराकर महासभा में उपस्थित किया। कई वर्ष तक उस सनातन धर्म सभा के बड़े-बड़े अधिवेशन मालवीय जी ने कराये। अगले कुम्भ में त्रिवेणी के संगम पर इनका सनातन धर्म सम्मेलन भी इस सभा से मिल गया।

सनातन धर्म सभा के सिद्धांतों के प्रचारार्थ काशी से 20 जुलाई, 1933 ई. को मालवीय जी की संरक्षता में सनातन धर्म नामक साप्ताहिक पत्र भी प्रकाशित होने लगा और लाहौर से 'मिश्रबन्धु' निकला यह सब मालवीय जी के प्रयत्नों का ही फल था।

अन्य पत्रों को भी मालवीय जी सदा सहायता करते रहे। वे पत्रों द्वारा जनता में प्रचार करने में बहुत विश्वास रखते थे। और स्वयं वर्षों तक कई पत्रों के सम्पादक रहे। पत्रकारिता के अतिरिक्त वे विविध सम्मेलनों, सार्वजनिक सभाओं आदि में भी भाग लेते रहे। कई साहित्यिक और धार्मिक संस्थाओं से उनका सम्पर्क हुआ तथा उनका सम्बन्ध आजीवन बना रहा। इसके अतिरिक्त सनातन धर्म सभा के नेता होने के कारण देश के विभिन्न भागों में जितने भी सनातन धर्म महाविद्यालयों की स्थापना हुई, वह मालवीय जी की सहायता से ही हुई। इनमें कानपुर, लाहौर, अलीगढ़, आदि स्थानों के सनातन धर्म महाविद्यालय उल्लेखनीय हैं।

राजनीतिक जीवन

जीवनकाल के प्रारम्भ से ही मालवीय जी राजनीति में रुचि लेने लगे और 1886 ई. में भारतीय राष्ट्रीय कांग्रेस के दूसरे अधिवेशन में सम्मिलित हुए। मालवीय जी दो बार 1909 तथा 1918 ई. में कांग्रेस के अध्यक्ष हुए। 1902 ई. में मालवीय जी उत्तर प्रदेश इंपीरियल लेजिस्लेटिव काउंसिल के सदस्य और बाद में सेंट्रल लेजिस्लेटिव असेंबली के सदस्य चुने गये। मालवीय जी ब्रिटिश सरकार

के निर्भीक आलोचक थे और उन्होंने पंजाब की दमन नीति की तीव्र आलोचना की, जिसकी चरम परिणति जलियांवाला बाग काण्ड में हुई। वे कट्टर हिन्दू थे, परन्तु शुद्धि (हिन्दू धर्म को छोड़कर दूसरा धर्म अपना लेने वालों को पुनः हिन्दू बना लेते) तथा अस्पृश्यता निवारण में विश्वास करते थे। वे तीन बार हिन्दू महासभा के अध्यक्ष चुने गये। उनकी सबसे बड़ी उपलब्धि 1915 ई. में काशी हिन्दू विश्वविद्यालय की स्थापना है। विश्वविद्यालय स्थापना के लिए उन्होंने सारे देश का दौरा करके देशी राजाओं तथा जनता से चंदा की भारी राशि एकत्रित की।

सम्पादक

बालकृष्ण भट्ट के 'हिन्दी प्रदीप' में हिन्दी के विषय में उन्होंने उन दिनों बहुत कुछ लिखा सन् 1886 ई. में कांग्रेस के दूसरे अधिवेशन के अवसर पर कालाकाँकर के राजा रामपाल सिंह से उनका परिचय हुआ तथा मालवीय जी की भाषा से प्रभावित होकर राजा साहब ने उन्हें दैनिक हिन्दुस्तान का सम्पादक बनने पर राजी कर लिया।

मालवीय जी के लिए यह एक यशस्वी जीवन का शुभ श्रीगणेश सिद्ध हुआ।

रचनाएँ

सन 1905 ई. में मालवीय की हिन्दू विश्वविद्यालय की योजना प्रत्यक्ष रूप धारण कर चुकी थी। इसी के प्रचार की दृष्टि से उन्होंने 1907 ई. में 'अभ्युदय' की स्थापना की।

मालवीय जी ने दो वर्ष तक इसका सम्पादन किया। प्रारम्भ में यह पत्र साप्ताहिक रहा, फिर सन् 1915 ई. से दैनिक हो गया।

लीडर और हिन्दुस्तान टाइम्स

लीडर और हिन्दुस्तान टाइम्स की स्थापना का श्रेय भी मालवीय जी को ही है। लीडर के हिन्दी संस्करण भारत का आरम्भ सन् 1921 में हुआ और हिन्दुस्तान टाइम्स का हिन्दी संस्करण हिन्दुस्तान भी वर्षों से निकल रहा है। इनकी मूल प्रेरणा में मालवीय जी ही थे।

मर्यादा

लीडर के एक वर्ष बाद ही मालवीय जी ने मर्यादा नामक पत्रिका निकलवाने का प्रबन्ध किया था। इस पत्र में भी वे बहुत दिनों तक राजनीतिक समस्याओं पर निबन्ध लिखते रहे। यह पत्रिका कुछ दिनों तक ज्ञानमण्डल लिमिटेड, वाराणसी से प्रकाशित होती रही।

प्राचीन संस्कृति के समर्थक

मालवीय जी प्राचीन संस्कृति के घोर समर्थक थे। सार्वजनिक जीवन में उनका पदार्पण विशेषकर दो घटनाओं के कारण हुआ–

1. अंग्रेजी और उर्दू के बढ़ते हुए प्रभाव के कारण हिन्दी भाषा को क्षति न पहुँचे, इसके लिए जनमत संग्रह करना।
2. भारतीय सभ्यता और संस्कृति के मूल तत्वों को प्रोत्साहन देना।

आर्य समाज से मतभेद

आर्य समाज के प्रवर्तक तथा अन्य कार्यकर्ताओं ने हिन्दी की जो सेवा की थी, मालवीय जी उसकी कद्र करते थे किंतु धार्मिक और सामाजिक विषयों पर उनका आर्य समाज से मतभेद था। समस्त कर्मकाण्ड, रीति-रिवाज, मूर्तिपूजन आदि को वे हिन्दू धर्म का मौलिक अंग मानते थे। इसलिए धार्मिक मंच पर आर्यसमाज की विचार धारा का विरोध करने के लिए उन्होंने जनमत संगठित करना आरम्भ किया। इन्हीं प्रयत्नों के फलस्वरूप पहले भारतधर्म महामण्डल और पीछे अखिल भारतीय सनातन धर्म सभा की नींव पड़ी। धार्मिक विचारों को लेकर दोनों सम्प्रदायों में चाहे जितना मतभेद रहा हो किंतु हिन्दी के प्रश्न पर दोनों का मतभेद था। शिक्षा और प्रचार के क्षेत्र में सनातन धर्म सभा ने हिन्दी को उन्नत करने के लिए जो कुछ किया, उसका श्रेय मालवीय जी को ही है।

काशी हिंदू विश्वविद्यालय संस्थापक महामना मदन मोहन मालवीय

भारत माता को गुलामी की जंजीर से मुक्त कराने में जिन वीर सपूतों का योगदान रहा, उनमे पंडित मदन मोहन मालवीय का नाम उल्लेखनीय है। इनका

जन्म 25 दिसम्बर 1861 को प्रयाग में हुआ था। इनके पिता पंडित ब्रजनाथ संस्कृत के आचार्य थे और माता श्रीमती मोना देवी धार्मिक विचारों वाली महिला थीं।

मदन मोहन बचपन से ही अत्यंत कुशाग्र बुद्धि थे। बचपन में उनके पिताजी ने उन्हें घर पर ही शिक्षा देनी शुरू की। उसके बाद उनका दाखिला प्रयाग की एक पाठशाला में करा दिया गया। अपनी कुशाग्र बुद्धि और विलक्षण प्रतिभा के बल पर जल्द ही उन्होंने पाठशाला में अपनी पहचान एक मेधावी छात्र के रूप में बना ली। पाठशाला में उन्हें हिन्दू धर्म और भारतीय संस्कृति के बारे में शिक्षा दी गयी। मदन मोहन मन लगाकर पढ़ते थे। पढ़ते समय वे इतने मग्न हो जाते थे कि उन्हें खाने -पीने की भी सुध नहीं रहती थी। घर में एकांत स्थान न होने के कारण वे प्रायः अपने सहपाठी के घर जाकर पढ़ते थे।

उस समय भारत पर अंग्रेजो का शासन था और देश की स्थिति बहुत गंभीर और दयनीय हो चुकी थी। अंग्रेजी विद्यालयों में हिन्दू धर्म और भारतीय संस्कृति के विरोध में बहुत दुष्प्रचार होता था। मदन मोहन जब भारत की दुर्दशा और अंग्रेजो के अत्याचार के बारे में सोचते थे तो उनका मन अंग्रेजों के प्रति घृणा से भर जाता था। उनके संस्कारों ने उन्हें देशभक्ति का पाठ पढ़ाया। हिन्दू धर्म और भारतीय संस्कृति के प्रति मदन मोहन का गहरा लगाव था। इसका विरोध वे चुपचाप सहन न कर सके। उन्होंने अपने कुछ साथियों के मदद से वाग्वर्धिनी सभा की स्थापना की। इस सभा के माध्यम से उन्होंने जगह -जगह भाषण देकर अंग्रेजो द्वारा हिन्दू धर्म और भारतीय संस्कृति के विरुद्ध किये जाने वाले प्रचार का विरोध किया।

पढ़ाई के प्रति मदन मोहन की रुचि बढती जा रही थी। अपनी मेहनत के बल पर वे लगातार सफल होते गए। कलकत्ता विश्वविद्यालय से दाखिले की परीक्षा उत्तीर्ण करने के बाद वे म्योर सेंट्रल कॉलेज में दाखिला लेना चाहते थे लेकिन घर की स्थिति अच्छी न होने के कारण उन्होंने उच्च शिक्षा का विचार त्याग दिया। उनके पिता इस इच्छा को भांप गए। वे नहीं चाहते थे कि उनके पुत्र को पढाई में किसी प्रकार का समझौता करना पड़े। उन्होंने मदन मोहन का दाखिला म्योर सेंट्रल कॉलेज में ही करा दिया। मदन मोहन की पढ़ाई के दौरान उन्होंने किसी वस्तु का अभाव नहीं होने दिया। म्योर सेंट्रल कॉलेज में संस्कृत के

प्राध्यापक पंडित आदित्यराम भट्टाचार्य ने उन्हें संस्कृत के अध्ययन के लिए प्रोत्साहित किया। मदन मोहन मालवीय अंग्रेजी सभ्यता के विरोधी थे। उन्होंने उन युवकों को, जो अंग्रेजी सभ्यता के पीछे भाग रहे थे, बहुत समझाया। इस दिशा में उन्होंने एक प्रहसन लिखा था ---जेंटलमैन इस प्रहसन में उन्होंने अंग्रेजी सभ्यता की खिल्ली उड़ाई थी।

पढ़ाई करने के उपरांत उन्हें एक विद्यालय में अध्यापक की नौकरी मिल गयी। मालवीय जी के सभी छात्र उनका बहुत सम्मान करते थे। उनकी शिक्षण - शैली इतनी सुरुचिपूर्ण थी कि छात्रों को उनका पढ़ाया हुआ पाठ पूरी तरह समझ आ जाता था। अध्यापन काल में भी मालवीय जी ने सामाजिक और राजनीतिक कार्यो में रुचि बनाए रखी। अब उनकी सामाजिक रुचियों का दायरा प्रयाग से निकलकर देश के विभिन्न नगरों तक फैलने लगा। वे अपने सेवा- क्षेत्र में पूरे भारत वर्ष को शामिल करना चाहते थे। सन 1886 में कांग्रेस का दूसरा अधिवेशन कलकत्ता में होने जा रहा था, तो मालवीय जी अपने गुरु पं. आदित्यराम भट्टाचार्य के साथ उसमें शामिल होने के लिए गए। यह अधिवेशन मालवीय जी के वास्तविक राजनीतिक जीवन का शुभारम्भ था। अधिवेशन में उनके ओजस्वी भाषण को सुनकर वहां उपस्थित सभी लोग मालवीय जी से बहुत प्रभावित हुए।

मालवीय जी के भाषण और उनके विचारों से कालाकाँकर राजा रामपाल सिंह इतने प्रभावित हुए की उन्होंने मालवीय जी को हिन्दोस्थान पत्र का संपादक बना दिया। उस समय मालवीय जी ने उनसे कहा ,"राजा साहब, मैं ब्राह्मण हूँ। मेरे कुछ नियम है, परम्पराएं है। आपका प्रस्ताव मैं इस शर्त पर स्वीकार कर सकता हूँ कि जब आप मदिरा का सेवन किये हों तो मैं आपके पास नहीं आऊँगा।" राजा साहब ने शर्त मान ली।

सन् 1887 में मालवीय जी ने अध्यापक पद से त्यागपत्र दे दिया। उसके बाद वे कालाकाँकर जाकर हिन्दोस्थान पत्र का संपादन करने लगे। यहाँ उनके व्यक्तित्व का एक विराट पक्ष उभरकर सामने आया। मालवीय जी के संपादन में हिन्दोस्थान ने बड़ी ख्याति अर्जित की। उनके प्रभावित लेखों को जन मानस बड़ी रूचि से पढता था। पत्र में जनता और सरकार, दोनों की कमियों और उपलब्धियों पर निष्पक्ष एवं निर्भीकतापूर्वक लेख छपते थे। मालवीय जी ने ढाई वर्ष तक हिन्दोस्थान का संपादन किया। इस अवधि में उन्होंने पत्र को एक सामाजिक

दर्जा दिलवाने में सफलता प्राप्त की। सन् 1889 में वे कालाकाँकर छोड़कर प्रयाग आ गये। वहां उन्हें अंग्रेजी पत्र इंडियन ओपेनियन के संपादन का कार्य किया। संपादन के साथ-साथ मालवीय जी देश की सामाजिक समस्याओं को दूर करने के बारे में भी सोचते थे। भारतीयों में हिन्दू धर्म संस्कृति के प्रति जागरूकता लाने के लिए वे एक हिन्दू विश्वविधालय स्थापित करना चाहते थे। अपने इस विचार को जनमानस तक पहुँचाने के उददेश्य से उन्होंने पत्र अभ्युदय का प्रकाशन आरम्भ कर दिया। इस पत्र के माध्यम से वे जनमानस को शिक्षा एवं विद्यालयों की आवश्यकता से अवगत कराते रहते थे और साथ ही तत्कालीन प्रमुख समस्याओं पर लेख भी लिखते थे।

शिक्षा और सुधार कार्यों के नाम पर अंग्रेज अधिकारी हिन्दू धर्म के मूल सिद्धांतों पर प्रहार करते थे। अपने धर्म को श्रेष्ठ बताने के लिए वे ज्यादा से ज्यादा हिन्दुओं को धर्म परिवर्तन का प्रलोभन देते थे। यह सब देखकर मालवीय जी को बड़ा दुःख होता था। वे किसी भी धर्म को छोटा या बड़ा नहीं मानते थे। उनकी दृष्टि में सभी धर्मों में मानवता का सन्देश निहित है, परन्तु किसी एक धर्म की श्रेष्ठता बताने के लिए दूसरे धर्म का अपमान करना उन्हें सहन नहीं था। मालवीय जी एक शिक्षित और धार्मिक परिवार में पैदा हुए थे, इसलिए बचपन से ही उनके हृदय में हिन्दू संस्कार कूट-कूटकर भरे हुए थे। मालवीय जी ने निश्चय किया कि वे हिंदुत्व की रक्षा के लिए संघर्ष करेंगे। सन 1906 में मालवीय जी ने कुम्भ के पावन पर्व पर सनातन धर्म महासभा का शुभारम्भ किया। इसी समय काशी विश्विद्यालय की स्थापना का प्रस्ताव भी पारित हुआ। मालवीय जी के कुछ मित्रों ने उन्हें वकालत पढ़ने और वकालत के माध्यम से देश सेवा करने के लिए प्रेरित किया। मित्रों के आग्रह पर मालवीय जी वकालत की पढ़ाई करने लगे। उस समय वे इंडियन ओपिनियन में सह संपादक थे। मालवीय जी वकालत की परीक्षा की तैयारी करने लगे। वकालत की परीक्षा में वे उत्तीर्ण हुए।

मालवीय जी प्रयाग उच्च न्यायालय में वकालत करने लगे। कुछ दिनों में ही उन्होंने कई मुकदमे जीतकर सभी को हतप्रभ कर दिया। वकालत में मालवीय जी ने खूब ख्याति अर्जित की, धीरे-धीरे उनका नाम देश के उच्चकोटि के वकीलों में लिया जाने लगा। मालवीय जी कभी झूठा मुकदमा नहीं लेते थे। वे अत्यंत कुशाग्र होने के साथ-साथ परम विवेकी भी थे। वे

अपने तर्कों को इतने प्रभावशाली ढंग से प्रस्तुत करते कि विरोधी पक्ष के वकील को उसके खंडन की कोई युक्ति नहीं मिलती थी। वकालत से मालवीय जी को जो उपलब्धि हासिल हुई, उससे न तो उनके मन में कभी अहंकार का भाव आया और न ही उन्होंने उसे अपनी अंतिम उपलब्धि माना। उनके हृदय में तो तीव्र आकांक्षाएं थी। उनका सबसे बड़ा स्वप्न काशी हिन्दू विश्विद्यालय की स्थापना करना था। उनके पिता ने उनसे कहा था कि यदि तुम्हें अपना यह स्वप्न पूर्ण करना है तो वकालत छोडनी पड़ेगी। मालवीय जी ने कुछ समय बाद ही वकालत छोड़ दी।

सन् 1907 में काशी नरेश की अध्यक्षता में आयोजित एक सभा में काशी हिन्दू विश्वविद्यालय स्थापित करने का प्रस्ताव रखा गया। सभा में उपस्थित कई सदस्यों ने इसकी सफलता पर संदेह व्यक्त किया लेकिन अंत में यह प्रस्ताव स्वीकार कर लिया गया। प्रस्ताव की स्वीकृति से मालवीय जी का उत्साह बढ गया। वे इस योजना को कार्यान्वित करने के प्रयासों में जुट गए। विश्वविद्यालय का निर्माण कार्य शुरू करने में काफी धन की आवश्यकता थी। कोई अकेला व्यक्ति इतना धन नहीं दे सकता था। मालवीय जी ने निश्चय किया कि वे पूरे देश में घूम -घूमकर विश्वविद्यालय के लिए धन राशि एकत्र करेंगे।

मालवीय जी ने पूरे देश का दौरा करना शुरू कर दिया। वे विश्वविद्यालय के मानचित्र को साथ ले कर चलते थे और घर-घर जाकर अपनी राष्ट्रीय शिक्षा योजना के बारे में बताते थे। वे जहाँ-जहाँ भी गए उन्हें विश्वविद्यालय के लिए दान में कुछ न कुछ अवश्य मिला। 4 फरवरी, 1916 को वसंत पंचमी (सरस्वती पूजा) के दिन काशी हिन्दू विश्वविद्यालय का शिलान्यास किया गया। उसके उद्‌घाटन समारोह में गांधीजी सहित देश-विदेश के कई गणमान्य व्यक्ति शामिल हुए।

सन् 1919 में अंग्रेजी सरकार ने रोलट एक्ट पारित किया। इस एक्ट में समस्त भारतीयों की मानवीय अस्मिता का मखौल उड़ाया गया था। मालवीय जी ने इसका विरोध करते हुए विधान परिषद् में उत्तेजित भाषण दिए। गांधीजी ने भी इस एक्ट का विरोध करते हुए घोषणा की, यदि इस एक्ट को स्वीकार किया गया तो मैं सत्याग्रह आन्दोलन शुरू कर दूंगा, परिणाम चाहे कुछ भी हो। रोलट एक्ट के विरोध के लिए पंजाब के जलियाँवाला बाग में एक सभा का आयोजन किया गया था।

यहां एकत्रित हजारों लोगों पर जनरल डायर ने गोली चलाने का आदेश दे दिया। आदेश पाते ही अंग्रेज सैनिकों ने गोली चला दी। इसमें सैंकड़ों निर्दोष भारतीय मारे गए और अनेक घायल हुए। अंग्रेजो के इस कुकृत्य से पूरा देश स्तब्ध रह गया। देश भर में इन्कलाब की लहर दौड़ गयी। मालवीय जी ने विधान सभा में उपस्थित होकर जोरदर शब्दों में इसका विरोध किया। अपने तर्कों से उन्होंने इस हत्याकांड को अनाधिकृत और अमानवीय सिद्ध किया। इस सम्बन्ध में मालवीय जी ने सरकार को भी आरोपी सिद्ध किया।

मालवीय जी हृदय में दीन-दुखियों के लिए अपार सहानुभूति थी। एक बार मालवीय जी प्रयाग में शाम के समय घूम रहे थे। रास्ते में चलते हुए उन्हें एक भिखारिन दिखाई पड़ी। वह बहुत वृद्ध हो चुकी थी और पीड़ा से कराह रही थी। मालवीय जी ने उसके पास जाकर पूछा ,"आपको क्या कष्ट है माताजी?" मालवीय जी के अपनत्व भरे शब्दों को सुन कर भिखारिन के नेत्रों से अश्रुधारा बहने लगी। कराहते हुए उसने बताया, "मेरे शरीर में घाव हो गए हैं। मेरे परिवार वालों ने मुझे त्याग दिया है।" सड़क पर आते-जाते लोगों ने मालवीय जी को भिखारिन के पास खड़े देखा तो वहां भीड़ लग गयी। कई लोग भिखारिन के कटोरे में सिक्के डालने लगे। मालवीय जी ने कहा, "मित्रों! इन्हें धन की नहीं, चिकित्सा की आवश्यकता है। यह हमारे देश का दुर्भाग्य है कि हमारे बुजुर्ग इस तरह त्याग दिए जाते हैं।"

मालवीय जी ने उस वृद्धा को तांगेपर बिठाया और इलाज के लिए अस्पताल तक पहुँचाया। मालवीय जी ने शिक्षा के बाद जिस विषय पर सबसे ज्यादा प्रभावशाली भाषण दिया, वह शर्तबंद कुली प्रथा थी। मालवीय जी ने इस प्रणाली का विरोध वायसरॉय लोर्ड हार्डिंग के समय में किया। उन्होंने लोर्ड हार्डिंग के समक्ष इस प्रणाली को तत्काल समाप्त करने की अपील की। इस प्रणाली को समाप्त करने के लिए दिए गए भाषण में उन्होंने कहा था -"इस प्रणाली ने पिछले कई सालों से समाज का शोषण किया है। हमारे कितने ही भाई-बहन इस विनाशकारी प्रणाली के शिकार बने और कितने शारीरिक व मानसिक यातना भुगत रहे हैं। अब समय आ गया है कि इस प्रणाली को समाप्त कर देना चाहिए।"

मालवीय जी का प्रयास सफल रहा और लोर्ड हार्डिंग ने इस प्रणाली को समाप्त करने की घोषणा कर दी। मालवीय जी हर परिस्थिति में निर्भय और आशावादी रहते थे। उनकी आशावादिता उन्हें ही नहीं, बल्कि अन्य लोगों को भी

लाभान्वित करती थी। एक बार पं शिवराम जी के भतीजे काशीप्रसाद गंभीर रूप से बीमार हुए। उन्हें तेज बुखार था। पं शिवराम जी बहुत चिंतित थे। वे मालवीय जी में गहरी आस्था रखते थे। उनका विचार था की एक बार यदि मालवीय जी रोगी के सिर पर हाथ रख दें तो वह अवश्य ही स्वस्थ हो जाएगा। मालवीय जी के किसी मित्र ने इसके बारे में बताया। मालवीय जी तुरंत शिवराम जी के यहाँ पहुंच गए। मालवीय जी ने रोगी के पिता से कहा, "चिंता करने की कोई बात नहीं, यह अभी अच्छा हो जाएगा।" मालवीय जी के शब्दों का चमत्कार था या आस्था का आदर, यह बताना तो मुश्किल है, लेकिन रोगी आधे घंटे बाद ही स्वस्थ होने लगा।

मालवीय जी में मानवता कूट-कूटकर भरी हुई थी। उनके हृदय में देश और देशबारियों के प्रति अगार स्नेह था। उन्होंने शिक्षा, धर्म और राजनीति सभी क्षेत्रों में अग्रणी योगदान दिया।" जीवन भर देश की सेवा में लगे रहने वाले, मानवता के पुजारी महामना मदन मोहन मालवीय जी नवम्बर 1946 में परमात्मा में विलीन हो गए।

3

शिक्षाविद के रूप में योगदान

काशी हिन्दू विश्वविद्यालय मालवीय जी के शिक्षा दर्शन का मूर्तिमान् स्वरूप है। उन्होंने इस विश्वविद्यालय की स्थापना जिस लगन से की उससे यह प्रमाणित हो जाता है कि अपने संकल्प को पूरा करने की उनमें असाधारण क्षमता थी। आरम्भ से ही उन्होंने एक विशाल और समुन्नत विश्वविद्यालय का स्वप्न देखा था। यह विश्वविद्यालय उनकी महत्वाकांक्षा का प्रतीक है।

यह ध्यान देने योग्य है कि शिक्षा के प्रति उनके विचारों में प्राचीनता और आधुनिकता का अनूठा सम्मिश्रण दिखायी देता है। उन्होंने प्राचीन भारतीय संस्कृति तथा आधुनिक वैज्ञानिक ज्ञान को समान महत्व दिया। उनकी शिक्षाव्यवस्था हर दृष्टि से प्रगतिशील और आधुनिक थी। यही कारण है कि स्वाधीनता मिलने के समय देश को जितने इंजीनियर एवं तकनीकी ज्ञान रखने वाले व्यक्ति इस विश्वविद्यालय ने दिये उतने किसी अन्य संस्था से उपलब्ध नहीं हुए। विज्ञान के अध्ययन हेतु उच्च स्तर की शिक्षा यहाँ आरम्भ से ही उपलब्ध थी। राष्ट्रीय चेतना के क्षेत्र में इस विश्वविद्यालय ने सदैव अग्रणी भूमिका निभायी।

राष्ट्रीय आन्दोलन में यहान के विद्यार्थी और शिक्षक सभी शिक्षण संस्थाओं से आगे थे। परिणामतः सविनय अवज्ञा आन्दोलन के समय केन्द्र सरकार ने इसे आर्थिक सहायता देना रोक दिया। उस समय अनेक बार यहाँ

के अधिकारियों पर दबाव डाला गया कि राष्ट्रीयता की लहर को नियंत्रित करें परन्तु मालवीय जी कभी इस मांग के सम्मुख झुके नहीं। नवंबर 1930 में उनके परामर्श से विश्वविद्यालय की ओर से जो पत्र सरकार को लिखा गया उसमें साफ तौर से कह दिया गया कि देशभक्ति एक शक्तिशाली उत्कर्ष है। इसके विकास में विश्वविद्यालय का सहयोग आवश्यक है। राष्ट्रीय आन्दोलन के समय अध्यापकों और विद्यार्थियों से राष्ट्रीय लहर से प्रभावित न होने की आशा नहीं की जा सकती। सरकार की गोपनीय फाइलों में विश्वविद्यालय में चल रही राजनीतिक गतिविधियों की विस्तृत रिपोर्ट उपलब्ध है। इससे यह पता चलता है कि राष्ट्रीय संघर्ष करने वालों को यह विश्वविद्यालय लगातार शरण और सुविधाएँ प्रदान करता रहा।

1942 के भारत छोड़ो आन्दोलन में इस विश्वविद्यालय ने सक्रिय और प्रभावकारी भूमिका निभायी क्योंकि राष्ट्रीय जागरण की जमीन यहाँ एक दशक पहले ही तैयार होने लगी थी। मालवीय जी ने इसे प्रत्यक्ष एवं परोक्ष रूप से प्रेरित और प्रभावित किया। उन्होंने इस संस्था को राष्ट्रीय जागरण का एक प्रमुख केन्द्र बनाया।

मालवीय जी ने शिक्षा के प्रसार और इसे नया स्वरूप प्रदान करने पर इतना बल इस कारण दिया क्योंकि वे इसे सांस्कृतिक जागरण का प्रधान अंश मानते थे। उन्नीसवीं सदी के अन्तिम दशकों में भारत में जो सांस्कृतिक पुनर्जागरण हो रहा था मालवीय जी उससे प्रभावित हुए।

उनकी वाणी में विचारों में और मान्यताओं में उस सांस्कृतिक उत्थान की झलक मिलती है जिससे उनके युग के अनेक राष्ट्रवादी अनुप्राणित हुए थे। वह भारत में चल रहे पुनरुत्थान का काल था जिसमें यहाँ के राष्ट्रनेताओं ने भारतीयों में आत्मविश्वास और स्वाभिमान जगाने का कार्य किया।

मालवीय जी के कार्यों ने भी आत्मविश्वास और स्वाभिमान जगाने का कार्य किया। भारतीय साहित्य में संस्कृति शब्द के स्थान पर सदाचार शब्द को प्राथमिकता दी गई। मालवीय जी उसे ही संस्कृति मानते थे। उनके उपदेश में संस्कृति है, सम्मानजनक प्रवृत्तियाँ। वे हैं अहिंसा सत्य संतुलित जीवन और संतोष। मालवीय जी के कार्यों की मूल परिकल्पना इसी प्रवृत्ति से उपजी।

उन्होंने विशेष रूप से भारत की सांस्कृतिक धरोहर की ओर देखा उसके गौरवमय इतिहास से प्रेरणा ग्रहण की और भारतीयता के प्रति अनुराग जगाने का

सदैव कार्य किया। इसी दृष्टि से उन्होंने भारतीय भाषाओं को विकसित करने तथा संस्कृत के अधिकाधिक प्रयोग पर जोर दिया।

मालवीय जी ने शिक्षा को राष्ट्रीय जागृति का प्रमुख साधन बनाया। प्रमुख राष्ट्रनेता के रूप में प्रतिष्ठित होने के पहले उन्होंने काशी हिन्दू विश्वविद्यालय की स्थापना करने का निश्चय किया। 1905 के बाद के दस वर्षों से भी अधिक समय तक वे इस विश्वविद्यालय की स्थापना करने में संलग्न रहे। इसके स्थापित हो जाने पर उन्होंने विश्वविद्यालय के विकास और प्रगति को अपना प्रमुख कार्य माना। इसी से गांधीजी ने मत प्रकट किया कि उनका सबसे महान कार्य काशी हिन्दू विश्वविद्यालय है। वे उच्चस्तरीय शिक्षा की ऐसी व्यवस्था करना चाहते थे जिसके द्वारा भारतीय नवयुवकों में चरित्र निर्माण हो उनमें देशप्रेम और देशसेवा की भावना का संचार हो और भारतीय संस्कृति के प्रति उनकी निष्ठा बढ़े।

बनारस में आयोजित इक्कीसवें कांग्रेस के समय दिसम्बर 1905 में मालवीय जी ने विश्वविद्यालय स्थापित करने की सार्वजनिक घोषणा की। कुछ समय पहले से ही वे इसकी रूपरेखा पर सोच विचार कर रहे थे। अधिवेशन के समय तक उन्होंने प्रस्तावित विश्वविद्यालय की योजना तैयार कर ली और इसके प्रारूप को छपाकर सभी के सम्मुख विचारार्थ प्रस्तुत किया। इसका लाभ यह हुआ कि विश्वविद्यालय के स्वरूप पर प्रमुख शिक्षाविदों और राष्ट्रवादियों को मत प्रकट करने का अवसर मिला। इससे प्रमुख व्यक्तियों की राय की जानकारी मालवीय जी को हो गई।

परिणामतः उन्होंने पहले की योजना में कुछ सुधार करके 1911 में संशोधित रूपरेखा प्रकाशित की। इन दोनों प्रारूपों को उन्होंने स्वयं तैयार करके प्रकाशित किया था। इनकी कुछ विषेशताओं की समीक्षा करके देखा जा सकता है कि मालवीय जी ने किस प्रकार के विश्वविद्यालय का स्वप्न देखा और स्वप्न को साकार करने में उन्होंने कितना परिश्रम किया।

यह ध्यान देने योग्य है कि विश्वविद्यालय की आवश्यकता को सिद्ध करते हुए मालवीय जी ने सबसे पहले देश की बढ़ती हुई गरीबी और अज्ञानता की समस्या पर प्रकाश डाला और भारत की तुलना यूरोपीय देशों से की। उनका कहना था कि देशवासियों की औसत आमदनी में लगातार गिरावट आ रही है। जहाँ ब्रिटेन में निरक्षर लोगों की संख्या 5 प्रतिशत तथा जर्मनी में एक प्रतिशत थी

वहीं भारत में 94 प्रतिशत लोग निरक्षर थे। इस स्थिति को सुधारने के क्रम में उन्होंने विश्वविद्यालय की स्थापना को आवश्यक बताया।

मालवीय जी ने आरम्भ से ही प्रतिपादित किया कि नैतिकता धर्म तथा प्राचीन संस्कृति का समुचित अध्ययन करना प्रस्तावित विश्वविद्यालय का लक्ष्य होगा। उन्होंने देश की अवनति और पिछड़ेपन को दूर करने का एकमात्र उपाय यह बताया कि यहाँ विज्ञान की समुचित प्रगति हो। यूरोप और अमेरिका की समृद्धि की समीक्षा करते हुए उन्होंने कहा कि इन देशों में विज्ञान की सहायता से भाप और बिजली की शक्ति विकसित हुई थी और वैज्ञानिकों ने तकनीक को बढ़ाने में योगदान किया था। 1905 के दस्तावेज का यह अंश द्रष्ट्व्य है देश के लोग जिस गरीबी में फंसे हुए हैं उससे उन्हें छुटकारा तभी मिल सकता है जब विज्ञान का उपयोग उनके हित में किया जाए। इस प्रकार के उपयोगी सैद्धान्तिक और व्यावहारिक विज्ञान का आधिकारिक प्रयोग तभी हो सकेगा जब इसे भारतीय अपने देश में ही प्राप्त करें। स्पष्ट है कि आरम्भिक रूपरेखा बनाते समय मालवीय जी ने विज्ञान की जानकारी को भारतीय नवयुवकों को सुलभ कराना अपना मुख्य लक्ष्य बनाया। वे विज्ञान को समृद्धि की कुंजी मानते थे।

मालवीय जी के सम्मुख विश्वविद्यालय के मूल स्वरूप के बारे में दो विकल्प थे। एक ऐसा विश्वविद्यालय स्थापित करना जिसे सरकार द्वारा मान्यता प्राप्त हो और सरकार द्वारा स्वीकृत प्रावधान के अधीन कार्य करे। दूसरा विकल्प था सरकार के अंकुश से पूर्णतः मुक्त विश्वविद्यालय का प्रारम्भ।

उन्होंने आरम्भ से ही पहला मार्ग चुना। इसी उद्देश्य से उन्होंने अपने मूल प्रारूप में कुछ परिवर्तन भी किए। उनमें से एक निर्णय उन्हें यह करना पड़ा कि विश्वविद्यालय में शिक्षा का माध्यम अंग्रेजी हो। वे पहले यही चाहते थे कि प्रस्तावित विश्वविद्यालय में शिक्षा का माध्यम हिन्दी हो। परन्तु बाद में समय और काल के अनुरूप उन्होंने अपने विचारों में परिवर्तन किया क्योंकि अंग्रेज सरकार हिन्दी माध्यम के विश्वविद्यालय को मान्यता देने के पक्ष में नहीं थी। अतः उन्होंने तत्काल अंग्रेजी का माध्यम स्वीकार किया परन्तु वे चाहते थे कि धीरे धीरे शिक्षा का माध्यम हिन्दी को ही बनाया जाए। काशी हिन्दू विश्वविद्यालय का प्रारूप इस कारण विशेष महत्व का था क्योंकि जहाँ इसके पूर्व के स्थापित अन्य पाँच विश्वविद्यालय (बंबई, कलकत्ता, मद्रास, लाहौर और इलाहाबाद)प्रायः परीक्षा लेने

के केन्द्र थे, वहीं इसे पूर्ण रूप से आवासीय विश्वविद्यालय के रूप में विकसित करने का निर्णय किया गया।

मालवीय जी की कल्पना एक ऐसे विश्वविद्यालय की थी, जहाँ दस हजार छात्र एक साथ रहकर शिक्षा ग्रहण करें और सामूहिक रूप से देश और समाज की प्रगति पर विचार करें। पहली बार देश में एक ऐसा विश्वविद्यालय स्थापित किया जा रहा था जो निजी प्रयासों पर निर्भर था। पूर्वोक्त पांचो विश्वविद्यालय सरकार के प्रयास से बने थे। इधर काशी हिन्दू विश्वविद्यालय के लिए मालवीय जी को ही सभी साधन जुटाने थे।

सरकार ने इसकी स्वीकृति देने के पूर्व एक बड़ी धनराशि के एकत्र किए जाने की शर्त रखी। इसी के साथ-साथ अन्य शर्तों को पूरा करना भी आवश्यक था। इन कठिनाईयों को देखते हुए उनके सम्मुख उपस्थित चुनौतियों का सहज अनुमान लगाया जा सकता है। परन्तु उन्होंने धैर्य बनाए रखा और विश्वविद्यालय को स्थापित करने की योजना को पूरा करने में पूरी शक्ति लगा दी। यहाँ यह भी स्मरण रखना होगा कि मालवीय जी की महत्वाकांक्षी योजना उनके साहसी व्यक्तित्व के अनुरूप ही थी। वह किसी प्रकार के छोटे, साधारण अथवा सीमाओं में बंधे हुए उच्च शिक्षा केन्द्र से सन्तुष्ट नहीं हुए। उन्होंने आरम्भ से ही एक विशाल विश्वविद्यालय का स्वप्न देखा, एक ऐसा विश्वविद्यालय जहाँ प्राच्य विद्याएँ, कला, साहित्य एवं मानविकी विषयों के अध्ययन-केन्द्रों के अतिरिक्त विज्ञान के सभी विषयों के अध्ययन की व्यवस्था हो।

काशी हिन्दू विश्वविद्यालय देश का प्रथम विश्वविद्यालय बना, जहाँ पर प्रौद्योगिकी की आधुनिक शिक्षा आरम्भ हुई। ज्ञान-विज्ञान और तकनीकी शिक्षा को उच्चतम स्तर तक पढ़ाने का निश्चय उन्होंने आरम्भ में ही कर लिया था। वे केवल रूपरेखा बनाकर सन्तुष्ट होने वाले व्यक्ति नहीं थे। उन्होंने विश्वविद्यालय की स्थापना होते ही इसके चतुर्मुखी विकास पर ध्यान केन्द्रित किया।

विश्वविद्यालय के बारे में सर्वमान्य प्रारूप तैयार करके मालवीय जी ने देश के प्रभावशाली वर्गों का सहयोग प्राप्त करने का आधार तैयार कर लिया था। वे यह भी भलीभाँति जानते थे कि इसी व्यापक सहयोग और समर्थन के बल पर उनकी इच्छा कारगर हो सकती थी। इसके उपरान्त लगभग पाँच वर्षों तक वे लगातार धन संग्रह के कार्य में जुटे रहे। सरकार तभी मान्यता विधेयक

लाने को तैयार थी, जब पचास लाख रुपये की धनराशि इस कार्य के निमित्त पहले से संगृहीत हो जाए। इस धनराशि को इक्ट्ठा करने के लिए उन्होंने निजी यात्राएँ कीं, सभी तरह के व्यक्तियों का सहयोग माँगा, चन्दा एकत्र किया और गरीब तथा अमीर हर एक से विश्वविद्यालय के लिए उदारता से धन देने का अनुरोध किया। धन संग्रह के लिए उन्होंने लगन और परिश्रम से कार्य किया। 1915 तक वे विश्वविद्यालय के लिए आवश्यक धनराशि एकत्र करने में सफल हो गए। मार्च, 1915 में केन्द्रीय विधानपरिषद् के सम्मुख विश्वविद्यालय विधेयक शिक्षा सदस्य द्वारा पेश किया गया। दो बार इस पर बहस हुई। परिषद् के सदस्य के रूप में मालवीय जी ने सदस्यों की आशंकाओं के उत्तर दिए। वाद-विवाद का एक प्रमुख केन्द्र बिन्दु था- विश्वविद्यालय में धर्म की शिक्षा और इसका साम्प्रदायिक स्वरूप। उन्होंने स्थिति को साफ करते हुए सदन में ये शब्द कहे, "यह विश्वविद्यालय संकुचित साम्प्रदायवाद को बढ़ावा देने के स्थान पर उदारता तथा मानसिक स्वतंत्रता को विकसित करेगा। यह ऐसी धार्मिक भावना को विकसित करेगा, जो मनुष्य और मनुष्य में भाई-चारे की भावना बढ़ायेगा।"

धार्मिक शिक्षा की आवश्यकता पर बल देते हुए मालवीय जी ने कहा कि इसका लक्ष्य प्राणिमात्र का कल्याण करना होगा। उन्होंने सदन में कहा, "मैं धर्म के सच्चे सिद्धान्तों की शिक्षा पर विश्वास करता हूँ चाहे यह शिक्षा हिन्दुओं को दी जाये या मुसलमानों को, चाहे यह बनारस हिन्दू विश्वविद्यालय में दी जाए अथवा अलीगढ़ मुस्लिम विश्वविद्यालय में। इससे ऐसे नवयुवक निकलेंगे, जो यदि अपने धर्म के प्रति निष्ठवान होंगे तो ये अपने ईश्वर, अपने देश के प्रति भी निष्ठवान होंगे। मुझे उस समय की प्रतीक्षा जब इन विश्वविद्यालय से निकले हुए विद्यार्थी एक दूसरे से और अधिक निकटता से गले मिलेंगे, जितना कि वे अब तक मिलते हैं और अपने को एक ही मातृभूमि के पुत्र समझेंगे।" उनका कहना था कि धर्म के वास्तविक ज्ञान से विशाल-हृदयता उपजेगी, ईश्वर से प्रेम की भावना उपजने से आपसी प्रेम बढ़ेगा और घृणा की भावना कमजोर पड़ेगी। धर्म से भारतीयों के दिलों में एकता और प्रेमसूत्र संचारित करने का विचार मालवीय जी के मन में उस समय सर्वोपरि था, जब वे प्रस्तावित विश्वविद्यालय में धर्म और शिक्षा के सम्बन्ध पर वक्तव्य दे रहे थे। इस विश्वविद्यालय के विकास में सरकार का सहयोग लिया गया। इसी

विचार से मालवीय जी ने फरवरी, 1916 में विश्वविद्यालय का शिलान्यास करने के लिए तत्कालीन वायसराय को आमन्त्रित किया। इस समय वायसराय के अतिरिक्त कई प्रान्तीय गवर्नर, राजे-महाराजे, जमींदार, शिक्षाशास्त्री और राष्ट्रनेता यहाँ एकत्र हुए। शिलान्यास समारोह का मूल उद्देश्य इस महान् विश्वविद्यालय की स्थापना और संचालन के लिए सम्पन्न धनिक राजे-महाराजे, जमींदार तथा सरकार से सहयोग प्राप्त करना था।

मालवीय जी ने इसमें धनिक तथा निर्धन सभी वर्ग के लोगों से सहयोग लिया था। यहाँ गांधी का भाषण महत्वपूर्ण था, जो विश्वविद्यालय के शिलान्यास के अवसर पर उन्होंने भारत वापस आने के पश्चात् सार्वजनिक रूप से दिया था। इसकी शब्दावली पर एनी बेसेंट तथा दरभंगा नरेश ने आपत्ति की थी, परन्तु अन्ततः मालवीय जी सभी विवादों से परे सबका सहयोग लेते हुए इस महान् विश्वविद्यालय की स्थापना में सफल रहे। आरम्भ से ही इस विश्वविद्यालय को पूर्ण रूप से उन्होंने राष्ट्रीय रूप देने का प्रयास किया। सभी क्षेत्रों के तथा सभी सम्प्रदायों के योग्य अध्यापकों की उन्होंने तलाश की। वे स्वयं बीस वर्षों (1919 से 1939) तक इसके कुलपति रहे। विश्वविद्यालय की स्थापना करते समय उनका ऐसा विचार नहीं था कि उन्हें इस प्रमुख पद पर बना रहना पड़ेगा परन्तु आरम्भिक तीन वर्षों में जो भी प्रमुख व्यक्ति इस पद पर आसीन हुए वे अलग-अलग कारणों से टिक नहीं सके। अतः मालवीय जी को स्वयं ही यह पद ग्रहण करना पड़ा। एक बार इस पद को स्वीकारने के पश्चात् वे लगातार इस उत्तरदायित्व को निभाते रहे। मालवीय जी के निर्देशों पर ही इस विश्वविद्यालय के विशाल और भव्य भवनों का निर्माण हुआ। उन्होंने इस विश्वविद्यालय को भारत का विशालतम और उपयोगी शिक्षा केन्द्र बनाने में अपनी पूरी शक्ति लगा दी। उन्हीं के प्रयासों के फलस्वरूप यह विश्वविद्यालय उन्नति के शिखर पर लगातार आगे बढ़ा।

काशी हिन्दू विश्वविद्यालय की स्थापना समस्त प्राच्य एवं पाश्चात्य प्राचीन एवं आधुनिक ज्ञान के अर्जन रक्षण एवं समन्वय के लिए की गयी। उन्होंने इस विश्वविद्यालय में प्राचीन भारतीय शास्त्रों के पारम्परिक पद्धति से अध्ययन के लिए एक सर्वांगपूर्ण संस्कृत महाविद्यालय की स्थापना की दूसरी ओर विज्ञान तकनीकी तथा मानविकी के अद्यानूतन शाखा के अध्ययन के लिए अग्रगण्य विभागों की स्थापना की। भारत की राजनीतिक, आर्थिक स्वतंत्रता के संग्राम के

साथ-साथ भारत की बौद्धिक स्वतंत्रता की प्राप्ति का विचार विश्वविद्यालय की स्थापना के उद्देश्यों में स्पष्टतः प्रतिबिम्बित है। इसी कारण काशी हिन्दू विश्वविद्यालय अपने संस्थापना काल से आज तक प्रबल राष्ट्रीय चेतना एवं सांस्कृतिक बौद्धिक समन्वय का प्रखर मंच बना हुआ है।

विश्वविद्यालय के तत्कालीन कुलपति सर्वपल्ली राधाकृष्णन् ने विश्वविद्यालय के रजत जयन्ती समारोह (1942) के अवसर पर कहा था अगर पत्थर का एक टुकड़ा सन्त पॉल की आवाज को प्रतिध्वनि करने की क्षमता रखता है तो यहाँ हमारे समक्ष विश्वविद्यालय के शिलान्यास का यह पाषाण केवल संगमरमर का एक टुकड़ा नहीं सम्पूर्ण परिदृश्य है। प्रकृति यदि अपनी गोद में जीवन एवं स्मृति का संचय करने की क्षमता रखती है तो काशी के ये पाषाण उपनिषदों की ऋचाओं वेदव्यास के शब्दों बुद्ध के उपदेशों गीता के संदेशों तथा अनेक सन्तों महात्माओं के कथनों को मूर्तरूप देने और दुहराने में पूर्ण सक्षम है। हिन्दू विश्वविद्यालय की स्थापना और विकास के लिए काशी से अधिक अच्छे और उपयुक्त स्थान की कल्पना नहीं की जा सकती। अगर हमें एक अच्छे पथ प्रदर्शक रक्षक तथा क्रियाकलापों के निर्देशक की आवश्यकता है तो हमारे बीच बनी हमारी महान ऋषि परम्परा के प्रतिनिधि के रूप में पूज्य महामना मालवीय साक्षात् उपस्थित हैं जिनकी आत्मा हिमालयी तुषार की तरह निर्मल तथा जिनका जीवन सदैव देने के लिए है।

उन्होंने यहाँ एक रोशनी जगायी है, जिससे यह धरती तब तक आलोकित होती रहेगी जब तक यह सभ्यता विद्यमान है। भारतीय इतिहास का यह यथार्थ एक व्यक्ति द्वारा निर्मित है। यह सर्वविद्या की राजधानी शिक्षा जगत् में महामना मालवीय के अभिनव चिन्तन का युगान्तकारी प्रयोग है। कर्नल वेजवुड के अनुसार यह वर्तमान सदी में भारतीयों की महान उपलब्धि है।

मालवीय जी नवम्बर सन् 1919 से सितम्बर सन् 1939 तक काशी हिन्दू विश्वविद्यालय के कुलपति रहे। शरीर की शिथिलता के कारण कठिन उत्तरदायित्व का निर्वहन करना उनके लिए दुष्कर हो रहा था। अन्ततः उन्होंने त्यागपत्र देने का निश्चय किया तथा विश्वविद्यालय कोर्ट ने उनका त्यागपत्र स्वीकार करते हुए डॉ सर्वपल्ली राधाकृष्णन को विधिवत् कुलपति निर्वाचित किया। मालवीय जी को आजीवन रेक्टर नियुक्त किया गया। अस्वस्थ होते हुए भी वे विद्यार्थियों की जितनी सहायता कर सकते थे करते रहते। वे नियमित रूप से प्रति सप्ताह

रविवार को गीता प्रवचन में जाते थे पर वहाँ उसके प्रति विद्यार्थियों की पर्याप्त अभिरुचि न देखकर दुःखी होते थे।

वास्तव में इस समय शरीर सम्पत्ति की रक्षा और वृद्धि उनके उपदेश का विषय बन गया था। जो विद्यार्थी उनसे मिलता उसे वे कसरत करने की प्रेरणा प्रदान करते थे। विद्यार्थियों के प्रति उनका स्नेह अतुलनीय था। स्नेह ही वास्तव में उनके जीवन की संजीवनी थी। यही उनके जीवन का मूलाधार था। विश्वविद्यालय के ऊँचे-ऊँचे भवन तथा वहाँ के प्राकृतिक सौन्दर्य के दृश्यों से कहीं अधिक छात्रों की चहल-पहल उन्हें अधिक आनन्दित करती थी। शारीरिक कष्ट और मानसिक चिन्ता के बीच वे ही उनकी आशा की किरण, उनके सन्तोष का स्रोत थे। सक्रिय राजनीति तथा विश्वविद्यालय के प्रबन्ध से अवकाश लेने के बाद भी मालवीय जी का सनातन धर्म से पुराना सम्बन्ध बना रहा। उनके निवास स्थान पर ही सभा का कार्यालय था, यहीं से साप्ताहिक "सनातन धर्म" प्रकाशित और वितरित होता था, धर्मोपदेश में संलग्न पण्डितों को पुरस्कार और प्रोत्साहन प्राप्त होता था तथा गोरक्षा और गोवंश का काम भी होता था। इस स्थिति में ही मालवीय जी ने सन् 1941 में गोरक्षा मण्डल की स्थापना कर उसकी विधिवत् रजिस्ट्री करायी।

इस मण्डल द्वारा बिहार, युक्त प्रान्त और मध्यप्रदेश में गोरक्षा के प्रचार तथा गोशाला के संगठन का तथा कार्तिक शुक्ल प्रतिपदा से लेकर अष्टमी तक गोसप्ताह मनाने का प्रयत्न किया गया। शिवपुर में च्यवन आश्रम में गोशाला की स्थापना और उसका प्रबन्ध इस संस्था का मुख्य कार्य था। इसी क्रम में उनके समाज सुधार के कार्यों की लम्बी श्रृंखला यथा अन्त्यजोद्धार, विधवा तथा सवर्ण विवाह आदि की एक लम्बी कड़ी है।

4

हिन्दी के विकास में योगदान

मालवीय जी एक सफल पत्रकार थे और हिन्दी पत्रकारिता से ही उन्होंने जीवन के कर्मक्षेत्र में पदार्पण किया। वास्तव में मालवीय जी ने उस समय पत्रों को अपने हिन्दी-प्रचार का प्रमुख साधन बना लिया और हिन्दी भाषा के स्तर को ऊँचा किया था। धीरे-धीरे उनका क्षेत्र विस्तृत होने लगा। पत्र सम्पादन से धार्मिक संस्थाएँ और इनसे सार्वजनिक सभाएँ विशेषकर हिन्दी के समर्थनार्थ और यहाँ से राजनीति की ओर इस क्रम ने उनसे सम्पादन कार्य छुड़वा दिया और वे विभिन्न संस्थाओं के सदस्य, संस्थापक अथवा संरक्षक के रूप में सामने आने लगे। पत्रकार के रूप में उनकी हिन्दी सेवा की यही सीमा है, यद्यपि लेखक की हैसियत से वे भाषा और साहित्य की उन्नति के लिए सदा प्रयत्नशील रहे। हिन्दी के विकास में उनके योगदान का तब दूसरा अध्याय आरम्भ हुआ।

"भारतीय विद्यार्थियों के मार्ग में आने वाली वर्तमान कठिनाईयों का कोई अंत नहीं है। सबसे बड़ी कठिनता यह है कि शिक्षा का माध्यम हमारी मातृभाषा न होकर एक अत्यंत दुरुह विदेशी भाषा है। सभ्य संसार के किसी भी अन्य भाग में जन-समुदाय की शिक्षा का माध्यम विदेशी भाषा नहीं है।"

—मदन मोहन मालवीय

हिन्दी की सबसे बड़ी सेवा मालवीय जी ने यह की कि उन्होंने उत्तर प्रदेश की अदालतों और दफ्तरों में हिन्दी को व्यवहार योग्य भाषा के रूप में स्वीकृत

कराया। इससे पहले केवल उर्दू ही सरकारी दफ्तरों और अदालतों की भाषा थी। यह आन्दोलन उन्होंने सन् 1890 ई. में आरम्भ किया था। तर्क और आँकडों के आधार पर शासकों को उन्होंने जो आवेदन पत्र भेजा उसमें लिखा कि ”पश्चिमोत्तर प्रदेश तथा अवध की प्रजा में शिक्षा का फैलना इस समय सबसे आवश्यक कार्य है और गुरुतर प्रमाणों से यह सिद्ध किया जा चुका है कि इस कार्य में सफलता तभी प्राप्त होगी जब कचहरियों और सरकारी दफ्तरों में नागरी अक्षर जारी किये जायेंगे। अतएव अब इस शुभ कार्य में जरा-सा भी विलम्ब न होना चाहिए। सन् 1900 ई. में गवर्नर ने उनका आवेदन पत्र स्वीकार किया और इस प्रकार हिन्दी को सरकारी कामकाज में हिस्सा मिला। काशी हिन्दू विश्वविद्यालय के कुलपति की स्थिति में उपाधिवितरणोंत्सवों पर प्रायः मालवीय जी हिन्दी में ही भाषण करते थे।

शिक्षा के माध्यम के विषय में मालवीय जी के विचार बड़े स्पष्ट थे। अपने एक भाषण में उन्होंने कहा था कि “भारतीय विद्यार्थियों के मार्ग में आने वाली वर्तमान कठिनाईयों का कोई अंत नहीं है। सबसे बड़ी कठिनता यह है कि शिक्षा का माध्यम हमारी मातृभाषा न होकर एक अत्यंत दुरुह विदेशी भाषा है। सभ्य संसार के किसी भी अन्य भाग में जन-समुदाय की शिक्षा का माध्यम विदेशी भाषा नहीं है।”

काशी नागरी प्रचारिणी सभा

सन् 1893 ई. में मालवीय जी ने काशी नागरी प्रचारिणी सभा की स्थापना में पूर्ण योग दिया। वे सभा के प्रवर्तकों में थे और आरम्भ से ही सभा को उनकी सहायता का सम्बल रहा। सभा के प्रकाशन, शोध और हिन्दी प्रसार-कार्य में मालवीय जी की रुचि बराबर बनी रही और अंतिम दिन तक वे उसका मार्गदर्शन करते रहे।

अखिल भारतीय हिन्दी साहित्य सम्मेलन

हिन्दी आन्दोलन के सर्वप्रथम नेता होने के कारण मालवीय जी पर हिन्दी साहित्य की अभिवृद्धि का दायित्व भी आ गया। इन्हीं उद्देश्यों की पूर्ति हेतु सन् 1910 ई. में उनकी सहायता से इलाहाबाद में अखिल भारतीय हिन्दी साहित्य सम्मेलन की स्थापना हुई। उसी वर्ष अक्टूबर में सम्मेलन का प्रथम अधिवेशन

काशी में हुआ। जिसके सभापति मालवीय जी थे। मालवीय जी विशुद्ध हिन्दी के पक्ष में थे। वे हिन्दी और हिन्दुस्तानी को एक नहीं मानते थे। शिक्षा के क्षेत्र में उन्होंने जो अद्वितीय कार्य किया है, उसका भी एक आवश्यक अंग साहित्यिक है।

उच्च कोटि के वक्ता और लेखक

"हम धर्म को चरित्र-निर्माण का सीधा मार्ग और सांसारिक सुख का सच्चा द्वार समझते हैं। हम देश-भक्ति को सर्वोत्तम शक्ति मानते हैं जो मनुष्य को उच्चकोटि की निःस्वार्थ सेवा करने की ओर प्रवृत्त करती है।"

—मदन मोहन मालवीय

हिन्दी साहित्य सम्मेलन जैसी साहित्यिक संस्थाओं की स्थापना द्वारा काशी हिन्दू विश्वविद्यालय तथा अन्य शिक्षण केन्द्रों के निर्माण द्वारा और सार्वजनिक रूप से हिन्दी आन्दोलन का नेतृत्व कर उसे सरकारी दफ्तरों में स्वीकृत कराके मालवीय जी ने हिन्दी की सेवा की उसे साधारण नहीं कहा जा सकता। उनके प्रयत्नों से हिन्दी को यश विस्तार और उच्च पद मिला है किंतु इस बात पर कुछ आश्चर्य होता है कि ऐसी शिक्षा-दीक्षा पाकर और विरासत में हिन्दी तथा संस्कृत का ज्ञान प्राप्त करके मालवीय जी ने एक भी स्वतंत्र रचना नहीं की। उनके अग्रलेखों, भाषणों, तथा धार्मिक प्रवचनों के संग्रह ही उनकी शैली और ओजपूर्ण अभिव्यक्ति के परिचायक के रूप में उपलब्ध है। इसमें कोई सन्देह नहीं कि वे उच्च कोटि के विद्वान, वक्ता और लेखक थे। सम्भव है बहुधन्धी होने के कारण उन्हें कोई पुस्तक लिखने का समय नहीं मिला। अपने जीवन काल में जो उन्होंने कुछ हिन्दी भाषा और साहित्य के लिए किया सभी हिन्दी प्रेमियों के लिए पर्याप्त है किंतु उनकी निजी रचनाओं का अभाव खटकता है। उनके भाषणों और फुटकर लेखों का कोई अच्छा संग्रह आज उपलब्ध नहीं है। केवल एक संग्रह उनके जीवनकाल में ही सीता राम चतुर्वेदी ने प्रकाशित किया था, वह भी पुराने ढंग का है और उतना उपयोगी नहीं जितना होना चाहिए।

हिन्दी, हिन्दू और हिन्दुस्तान

लोकमान्य तिलक, राजेन्द्र बाबू, और जवाहरलाल नेहरू के मौलिक या अनुदित साहित्य की तरह मालवीय जी की रचनाओं से हिन्दी की साहित्य निधि

भरित नहीं हुई। इसलिए उनके सम्पूर्ण कृतित्व को आँकते हुए यह मानना होगा कि हिन्दी भाषा और साहित्य के विकास में मालवीय जी का योगदान क्रियात्मक अधिक है, रचनात्मक साहित्यकार के रूप में कम है। महामना मालवीय जी अपने युग के प्रधान नेताओं में थे। जिन्होंने हिन्दी, हिन्दू और हिन्दुस्तान को सर्वोच्च स्थान पर प्रस्थापित कराया।

असहयोग आंदोलन

मालवीय जी ने गांधी जी के असहयोग आंदोलन में बढ़-चढ़कर भाग लिया। 1928 में उन्होंने लाला लाजपत राय, जवाहरलाल नेहरू और अन्य स्वतंत्रता सेनानियों के साथ मिलकर साइमन कमीशन का जबर्दस्त विरोध किया और इसके खिलाफ देशभर में जनजागरण अभियान भी चलाया।

महामना तुष्टीकरण की नीतियों के खिलाफ थे। उन्होंने 1916 के लखनऊ पैक्ट के तहत मुसलमानों के लिए अलग निर्वाचक मंडल का विरोध किया। वह

देश का विभाजन नहीं होने देना चाहते थे। उन्होंने गांधीजी को आगाह किया था कि वह देश के बंटवारे की कीमत पर स्वतंत्रता स्वीकार न करें। मालवीय जी ने सत्यमेव जयते के नारे को जन-जन में लोकप्रिय बनाया। उन्होंने 1931 में पहले गोलमेज सम्मेलन में देश का प्रतिनिधित्व किया।

सामाजिक कार्य

पं. मदन मोहन मालवीय जी कई संस्थाओं के संस्थापक तथा कई पत्रिकाओं के सम्पादक रहे। इस रूप में वे हिन्दू आदर्शों, सनातन धर्म तथा संस्कारों के पालन द्वारा राष्ट्र-निर्माण की पहल की थी। इस दिशा में प्रयाग हिन्दू सभा की स्थापना कर समसामयिक समस्याओं के संबंध में विचार व्यक्त करते रहे। सन् 1884 ई. में वे हिन्दी उद्धारिणी प्रतिनिधि सभा के सदस्य, सन् 1885 ई. में इण्डियन यूनियन का सम्पादन, सन् 1887 ई. में भारत-धर्म महामण्डल की स्थापना कर सनातन धर्म के प्रचार का कार्य किया। सन् 1889 ई. में हिन्दुस्तान का सम्पादन, 1891 ई. में इण्डियन ओपीनियन का सम्पादन कर उन्होंने पत्रकारिता को नई दिशा दी। इसके साथ ही सन् 1891 ई. में इलाहाबाद हाईकोर्ट में वकालत करते हुए अनेक महत्त्वपूर्ण व विशिष्ट मामलों में अपना लोहा मनवाया था। सन् 1913 ई. में वकालत छोड़ दी और राष्ट्र की सेवा का व्रत लिया ताकि राष्ट्र को स्वाधीन देख सकें।

यही नहीं वे आरम्भ से ही विद्यार्थियों के जीवन-शैली को सुधारने की दिशा में उनके रहन-सहन हेतु छात्रावास का निर्माण कराया। सन् 1889 ई. में एक पुस्तकालय भी स्थापित किया।

इलाहाबाद में म्युनिस्पैलिटी के सदस्य रहकर सन् 1916 तक सहयोग किया। इसके साथ ही भारतीय राष्ट्रीय कांग्रेस के सदस्य के रूप में भी कार्य किया।

सन् 1907 ई. में बसन्त पंचमी के शुभ अवसर पर एक साप्ताहिक हिन्दी पत्रिका 'अभ्युदय' नाम से आरम्भ की, साथ ही अंग्रेजी पत्र लीडर के साथ भी जुड़े रहे।

पिता की मृत्यु के बाद पंडित जी देश-सेवा के कार्य को अधिक महत्व दिया। 1919 ई. में कुम्भ-मेले के अवसर पर प्रयाग में प्रयाग सेवा समिति बनाई ताकि तीर्थयात्रियों की देखभाल हो सके। इसके बाद निरन्तर वे स्वार्थरहित कार्यों

की ओर अग्रसर हुए तथा महाभारत, महाकाव्य के निम्नलिखित उदाहरण को अपना आदर्श जीवन बनाया—

न त्वहं कामये राज्यं न स्वर्गं न पुनर्भवम्।
कामये दुःख तप्तानाम् प्राणिनामार्तनाशनम् ॥

काशी हिन्दू विश्वविद्यालय की स्थापना

मालवीय जी ने सन् 1916 ई. में काशी हिन्दू विश्वविद्यालय की स्थापना की और कालांतरों में यह एशिया का सबसे बड़ा विश्वविद्यालय बन गया। वास्तव में यह एक ऐतिहासिक कार्य ही उनकी शिक्षा और साहित्य सेवा का अमिट शिलालेख है। पं. मदन मोहन मालवीय जी के व्यक्तित्व पर आयरिश महिला डॉ. एनी बेसेंट का अभूतपूर्व प्रभाव पड़ा, जो हिन्दुस्तान में शिक्षा के प्रचार-प्रसार हेतु दृढ़प्रतिज्ञ रहीं। वे वाराणसी नगर के कमच्छा नामक स्थान पर सेण्ट्रल हिन्दू कॉलेज की स्थापना सन् 1889 ई. में की, जो बाद में चलकर हिन्दू विश्वविद्यालय की स्थापना का केन्द्र बना। पंडित जी ने तत्कालीन बनारस के महाराज श्री प्रभुनारायण सिंह की सहायता से सन् 1904 ई. में बनारस हिन्दू विश्वविद्यालय की स्थापना का मन बनाया। सन् 1905 ई. में बनारस शहर के टाउन हॉल मैदान की आमसभा में श्री डी. एन. महाजन की अध्यक्षता में एक प्रस्ताव पारित कराया। सन् 1911 ई. में डॉ. एनी बेसेंट की सहायता से एक प्रस्तावना को मंजूरी दिलाई जो 28 नवम्बर 1911 ई. में एक सोसाइटी का स्वरूप लिया। इस सोसायटी का उद्देश्य दि बनारस हिन्दू यूनिवर्सिटी की स्थापना करना था। 25 मार्च 1915 ई. में सर हरकोर्ट बटलर ने इम्पिरीयल लेजिस्लेटिव एसेम्बली में एक बिल लाया, जो 1 अक्टूबर सन् 1915 ई. को ऐक्ट के रूप में मंजूर कर लिया गया। 4 फरवरी, सन् 1916 ई. (माघ शुक्ल प्रतिपदा, संवत् 1972) को दि बनारस हिन्दू यूनिवर्सिटी की नींव डाल दी गई। इस अवसर पर एक भव्य आयोजन हुआ। जिसमें देश व नगर के अधिकाधिक गणमान्य लोग, महाराजगण उपस्थित रहे।

मालवीय जी औरहिन्दी

बहुमुखी प्रतिभा के धनी महामना पंडित मदन मोहन मालवीय का कार्य क्षेत्र बहुत व्यापक था। सन् 1861 में प्रयाग में उनका जन्म हुआ था। वे एक

महान देश भक्त, स्वतंत्रता सेनानी विधिवेत्ता, संस्कृत वांग्मय और अंग्रेजी के विद्वान, शिक्षाविद , पत्रकार और प्रखर वक्ता थे। उस युग में 25 वर्ष की आयु में उनमें इतनी राष्ट्रीय चेतना थी कि उन्होंने 1886 में भारतीय राष्ट्रीय कांग्रेस के दूसरे अधिवेशन में भाग लिया और उसे संबोधित किया। वे सन् 1909, 1918, 1932 और 1933 में भारतीय राष्ट्रीय कांग्रेस के अध्यक्ष चुने गए। सन् 1931 में उन्होंने दूसरे गोलमेज सम्मेलन में भारत का प्रतिनिधित्व भी किया।

राष्ट्रीय आंदोलन में अपना पूर्ण योगदान देने के उद्देश्य से महामना ने 1909 में वकालत छोड़ दी यद्यपि उस समय वे इलाहाबाद उच्च न्यायालय में पंडित मोतीलाल नेहरू और सर सुन्दरलाल जैसे प्रथम श्रेणी के वकीलों में गिने जाते थे। लकिन दस साल बाद उन्होंने चौरी-चौरा कांड के मृत्युदण्ड के सजायाफ्ता 156 बागी स्वतंत्रता सेनानियों की पैरवी की और उनमें से 150 को बरी करा लिया।

यदि कभी कोई इतिहासकार स्वतंत्रता आंदोलन का वास्तविक मूल्यांकन करेगा तो महामना का योगदान लोकमान्य तिलक और महात्मा गांधी के समकक्ष आंकने को बाध्य होगा। लेकिन इसे एक विडम्बना ही कहना चाहिए कि उस देश में उनका नाम अधिकांश लोग केवल 'बनारस हिन्दू विश्वविद्यालय' के संस्थापाक तथा एक महान शिक्षाविद् के रूप में ही जानते हैं। वास्तव में महामना अपने द्वारा किये गए कार्यों का न तो स्वयं प्रचार करते थे और न चाहते थे कि उनके द्वारा किए गए सद्कार्यों का कोई दूसरा भी प्रचार करें। वे सही मायने में एक कर्मयोगी थे।

मालवीय जी अपने द्वारा शुरू किये कार्य को किसी योग्य व्यक्ति को सौंपकर दूसरे नए कार्य में जुट जाते थे। उनके नाम का कहीं उल्लेख न हो इस बात पर वह इतना ध्यान देते थे कि अपने बनाए अपने घरों के बाहर भी उन्होंने अपना नाम कभी नहीं लिखवाया।

19 वीं शताब्दी में नव जागरण और राष्ट्रीय चेतना का स्फुरण हो रहा था। एक तरफ युवकों में राष्ट्रीय चेतना अंकुरित हो रही थी तो दूसरी तरफ मैकाले के जोर देने पर कम्पनी सरकार ने 1835 में अंग्रेजी शिक्षा प्रचार का प्रस्ताव पास कर दिया, एतदर्थ देश में यत्र-तत्र अंग्रेजी के स्कूल खोले जाने लगे। अब प्रश्न उठा अदालती भाषा का और स्कूलों में हिन्दी को एक अनिवार्य विषय के रूप में रखने का। इन दोनों बातों में हिन्दी का घोर विरोध हुआ। इस विरोध

की कहानी भी बहुत रोचक है। मुगलकाल में अदालतों की भाषा फारसी चल आ रही थी। अंग्रेजी-शासन काल में भी प्रारंभ में यही परम्परा चलती रही किन्तु सर्वसाधारण जनता की फारसी-भाषा और उसकी लिपि सम्बन्धी कठिनाइयों को देखकर सन् 1836 में कम्पनी सरकार ने आज्ञा जारी की कि सारा अदालती काम देश की प्रचलित भाषाओं में हुआ करे। इसके परिणामस्वरूप संयुक्त प्राइज में हिन्दी खड़ी बोली को वहां की अदालती भाषा स्वीकार कर लिया गया। सारा अदालती कार्य हिन्दी भाषा और लिपि में होने लगा। कम्पनी सरकार भाषा संबंधी इस नीति पर चिरकाल तक न टिक सकी। केवल एक साल के पश्चात् उत्तरी भारत के सब दफ्तरों की भाषा उर्दू कर दी गई। यह सब मुसलमानों के विरोध के कारण हुआ। इस प्रकार मान-मर्यादा और आजीविका की दृष्टि से सबके लिये उर्दू सीखना आवश्यक हो गया और देश-भाषा के नाम पर स्कूलों में छात्रों को उर्दू पढ़ाई जाने लगी। इस प्रकार हिन्दी तथा अन्य भारतीय भाषाओं के पढ़ने वालों की संख्या दिन प्रतिदिन कम होने लगे।

हिन्दी को अदालतों से बाहर निकालने के कार्य में तो मुसलमानों को सफलता मिल चुकी थी, अब वे इसे शिक्षा क्षेत्र से बाहर निकालने में प्रयत्नशील थे। जब सरकार स्कूलों और मदरसों में हिन्दी के अनिवार्य रूप से पढ़ाये जाने के प्रस्ताव पर विचार कर रही थीं तब प्रभावशाली मुसलमानों-सर सैय्यद अहमद खां आदि ने उसका उग्र विरोध किया। अन्ततः 1884 में सरकार को अपना विचार छोड़ना पडा। सर सैय्यद अहमद खां का अंग्रेजों के बीच बड़ा मान था। वे हिन्दी को एक 'गंवारू' भाषा समझते थे। वे अंग्रेजी को उर्दू की ओर झुकाने की लगातार कोशिश करते रहे। इसी समय राजा शिव प्रसाद 'सितारे हिन्द' का इस क्षेत्र में आगमन हुआ। वे भी अंग्रेजों के कृपा पात्र थे और हिन्दी के परम पक्षपाती थे। अंततः हिन्दी की रक्षा के लिए उन्हें खड़ा होना पड़ा। वे इस कार्य में बराबर चेष्ठाशील रहे। यह झगड़ा बीसों वर्ष तक 'भारतेन्दु' हरिश्चंद्र के समय तक रहा।

इस हिन्दी-उर्दू संघर्ष में राजा शिव प्रसाद 'सितारे हिन्द' के समय में ही राजा लक्ष्मण सिंह भी हिन्दी के संरक्षक बन कर सामने आये। अनेक विघ्न-बाधाओं के होने पर भी शिव प्रसाद ने हिन्दी के उद्धार-कार्य में महत्वपूर्ण योगदान दिया। इन्हीं के प्रयत्नों से कम्पनी सरकार को स्कूलों में हिन्दी शिक्षा को स्थान देना पड़ा।

जिस प्रकार दोनों राजाओं के सप्रयत्नों से संयुक्त प्रान्त में हिन्दी का प्रचार कार्य आरम्भ हुआ, उसी प्रकार उनके समसामयिक बाबू नवीन चन्द्र राय ने पंजाब में समाज सुधार तथा हिन्दी-प्रचार कार्य आरम्भ किया। बंगाल में राजा राममोहन राय वेदान्त और उपनिषदों का ज्ञान लेकर आगे आये और उन्होंने वहां 'ब्रह्म-समाज' की स्थापना की। उन्होंने वेदान्त-सूत्र का हिन्दी में अनुवाद प्रकाशित कराया।

उधर उत्तरी भारत में स्वामी दयानन्द सरस्वती ने वैदिक धर्म-प्रचार और 'आर्य समाज' की स्थापना कर जनता को अपनी ओर आकर्षित किया। उन्होंने हिन्दुस्तान को आर्यावर्त तथा हिन्दी को आर्य भाषा का नाम दिया तथा प्रत्येक आर्य के लिए आर्यभाषा का पढ़ना आवश्यक ठहराया। स्वामी दयानन्द तथा उनके द्वारा स्थापित 'आर्य समाज' ने हिन्दी भाषा के प्रचार में जो महत्वपूर्ण कार्य किया, वह चिरस्मरणीय है।

अब देश में इस प्रकार का वातावरण बन रहा था कि संयुक्त प्रान्त (आज के उत्तर प्रदेश और उत्तराखंड) के बुद्धिजीवियों के लिए यह बर्दाश्त करना असंभव होने लगा था कि सुसंस्कृत तथा समृद्ध भाषा हिन्दी के होते हुए भी पराधीन होने के कारण प्रान्त की जनता को समस्त राजकीय कार्य में विदेशी भाषा फारसी अथवा अंग्रेजी का प्रयोग करना पड़े। अंततः 19 वीं शताब्दी के मध्य तक आते-आते अनेक स्वाभिमानी देशभक्त बुद्धिजीवियों ने इस बात का बीड़ा उठाया कि प्रदेश में विदेशी भाषा की जगह 'निज भाषा' के प्रयोग की शासकीय अनुमति मिल जाए। इस कड़ी में अत्यन्त महात्वपूर्ण प्रयास राजा शिवप्रसाद द्वारा भी सन् 1868 में किया गया जो उपर्युक्त विदशी लिपियों के हिमायतियों के विरोध के कारण सफल न हो सका।

राजा शिव प्रसाद की भांति बहुतों ने अदालतों में देवनागरी लिपि के प्रवेश के लिये जब-तब छिटपुट प्रयत्न किया लेकिन सभी असफल रहे। 1848 में प्रयाग में हिन्दी उद्धारिणी-प्रतिनिधि मध्यसभा की स्थापना हुई। मालवीय जी ने इसमें जी खोलकर काम किया, व्याख्यान दिए, लेख लिखे और अपने मित्रों को भी उस काम में भाग लेने के लिए उत्प्रेरित किया। उन्होंने नए सिरे से अदालतों में नागरी के प्रवेश का प्रयत्न किया। मालवीय जी ने इस बात पर गम्भीरता से विचार किया कि अब तक इस दिशा में क्यों सफलता नहीं मिली। महामना ने व्यवस्थित ढंग से इस काम को हाथ में लिया। एक ओर तो उन्होंने देवनागरी

लिपि के पक्ष में हस्ताक्षर अभियान की योजना शुरू की दूसरी ओर बहुत सी सामग्री एकत्रित कर 'कोर्ट कैरेक्टर एण्ड प्राइमरी एजूकेशन' नाम की पुस्तक लिखी। इसमें हिन्दी का प्रयोग सरकारी कामकाज में क्यों किया जाए इसकी प्रचुर सामग्री थी।

इसी प्रकार आधुनिक हिन्दी के जन्मदाता 'भारतेन्दु' हरिश्चंद्र द्वारा काशी में स्थापित 'नागरी प्रचारिणी सभा' भी नागरी लिपि के प्रचार-प्रसार में लगी थी। किन्तु उचित मार्गदर्शन प्राप्त न होने के कारण उसकी स्थिति बिगड़ रही थी। मालवीय जी ने 'नागरी प्रचारिणी सभा' की गतिविधियों में आरंभ से ही अत्यधिक रूचि ली तथा 'नागरी प्रचारिणी सभा' को भी हिन्दी के प्रचार-प्रसार के कार्य में प्रगतिशील बनाकर उसे एक प्रकार से पुनर्जीवित कर दिया।

जब मालवीय जी नागरी प्रचार आन्दोलन के मुखिया बने तब हिन्दी के सबसे बड़े विरोधी सर सैययद अहमद खां का इन्तकाल हो चुका था, पर मोहसुनुल मुल्क ने नागरी के विरुद्ध घनघोर आन्दोलन शुरू कर दिया। लॉर्ड कर्जन की सरकार भी उनकी ओर झुकी जा रही थी पर मालवीय जी से टक्कर लेना भी टेढ़ी खीर थी। दिन-रात एक करके अपनी वकालत के सुनहरे दिनों में धुन के साथ मालवीय जी ने गहरी छानबीन के साथ नागरी के पक्ष में प्रमाण और आकड़े इकट्ठे किये। सैकड़ों जगह डेपुटेशन भेजे गए और हिन्दी भाषा और नागरी लिपि की सुन्दरता, सहजता और उपयोगिता दिखाई गई। मालवीय जी ने वकालत करते हुए भी अपने मित्र पंडित श्रीकृण जोशी के साथ मिलकर घोर परिश्रम किया। अपने पास से रुपये खर्च करके उपरोक्त कोर्ट लिपि का इतिहास, विगत अधिकारियों की सम्मतियां एकत्र करके एक बड़ी सुन्दर पुस्तक 'कोर्ट कैरेक्टर एण्ड प्राइमरी एजूकेशन इन नार्थ वेस्टर्न प्रौविन्सेज' लिखी। यह अभ्यर्थना लेख लेकर 2 मार्च सन् 1898 ई. को अयोध्या नरेश महराजा प्रताप नारायण सिहं, मांडा के राजा राम प्रसाद सिहं, आवागढ़ के राजा बलवंत, डॉ. सुन्दर लाल आदि के साथ मालवीय जी का एक दल गवर्नूमेंट हाउस प्रयाग में छोटे लाट साहब सर एन्टोनी मेक्डॉलेन से मिला। मालवीय जी की मेहनत सफल हो गई। उनकी सब बातें मान ली गईं। अन्त में 18 अप्रैल सन् 1900 ई. को सर ए.पी. मैक्डॉलेन ने एक विज्ञप्ति (गवर्नूमेंन गजट) निकाली जिससे अदालतों में तथा शासकीय कार्यों में नागरी को भी स्थान मिल गया। लेकिन देश के हिन्दी विरोधी लोगों ने इस पर

खूब ऊधम मचाया। इस आदेश के विरोध में जगह-जगह सभाएं की गई। प्रस्ताव भेजे गए कि हिन्दी को इस प्रकार स्वीकार न किया जाए। पर मालवीय जी भी अपने अभियान में डटे रहे। हिन्दी के पक्ष में भी सभाएं हुईं प्रस्ताव भेजे गए। अतः लाट साबह तनिक भी विचलित न हुए और अन्त में बड़े लाट साहब की अनुमति से यह नियम बन गया कि सभी लोग अपनी अर्जी, शिकायत की दरखास्त चाहे हिन्दी या फारसी में दे सकते हैं। अदालतों, शासकीय कार्यालयों को निर्देश दे दिया गया कि सभी कागजात जैसे सम्मन आदि, जो सरकार की ओर से जनता के लिए निकाले जायेंगे वह दोनों लिपियों यानी नागरी और फारसी में लिखे अथवा भरे होंगे।

सरकार ने इसके साथ ही यह भी ऐलान कर दिया कि आगे किसी भी व्यक्ति को तभी सरकारी नौकरी मिल सकेगी जब वह हिन्दी भाषा का भी जानकार हो। जो कर्मचारी हिन्दी नहीं जानते थे उन्हें एक साल के भीतर हिन्दी सीखने को कहा गया अन्यथा वे नौकरी से अलग कर दिए जायेंगे। इस प्रकार मालवीय जी के अथक प्रयास से हिन्दी का प्रवेश संयुक्त प्रान्त के शासकीय कार्यालयों में हुआ।

महामना हिन्दी के प्रति समर्पित थे। वे चाहते थे कि शिक्षा का माध्यम भी हिन्दी हो। सन् 1882 ई. में अंग्रेजों ने एक शिक्षा कमीशन बैठाया। इसका मुख्य उद्देश्य था कि यह निधारिंत हो कि शिक्षा का माध्यम क्या हो और शिक्षा कैसे दी जाये? इस आयोग में साक्ष्य के लिए महामना पंडित मदन मोहन मालवीय तथा 'भारतेन्दु' हरिश्चन्द्र चुने गए थे। 'भारतेन्दु' अस्वस्थता के कारण आयोग के सम्मुख उपस्थित नहीं हो पाये। उन्होंने अपना लिखित बयान आयोग को भेजा था। परन्तु महामना आयोग के सामने उपस्थित हुए थे। उन्होंने अपने बयान में इस बात पर जोर दिया था कि शिक्षा समस्त क्षेत्रों में दी जाए और वह हिन्दी भाषा में हो।

महामना वर्ष 1886 ई. से कांग्रेस से जुडकर देश की राजनीति में आजादी की लड़ाई का हिस्सा बन चुके थे। तभी से उनका सम्पर्क देश के बड़े राजनेताओं से हो गया था। धीरे-धीरे उनको देश के बड़े राजनेता के रूप में जाना जाने लगा। भारतीय राष्ट्रीय कांग्रेस के 1909 के अधिवेशन के वह अध्यक्ष चुने गए। देश के व्यापक भ्रमण और गहन जन सम्पर्क से उन्हें यह स्पष्ट दिखने लगा कि अनेक भाषाओं के इस देश में भारत के स्वतंत्र होने पर

किसी एक भाषा को सम्पर्क भाषा के लिए राष्ट्रभाषा का रूप लेना पड़ेगा। उन्होंने देखा कि देश के अधिकांश भूभाग में अधिक-से-अधिक लोग किसी न किसी प्रकार की हिन्दी बोलते और समझते थे। जबकि देश की अन्य भाषाएं यद्यपि उतनी ही महत्वपूर्ण थी पर उनका दायरा सीमित था। वे इतने विशाल जनसमुदाय के द्वारा बोली और समझी नहीं जाती थीं। एक स्वतंत्र राष्ट्र को जोड़ने के लिए एक राष्ट्र भाषा के रूप में मालवीय जी ने हिन्दी की महत्ता को परखा। उन्होंने यह भी अनुभव किया कि देश के अहिन्दी भाषी क्षेत्रों में लोगों को हिन्दी जानने व समझने का मौका मिलना चाहिए। अंतः सन् 1910 ई. में महामना के प्रयासों से काशी में ''हिन्दी साहित्य सम्मेलन'' की स्थापना हुई। महामना जी इसके प्रथम अध्यक्ष बने।

धीरे-धीरे पूरे देश में 'हिन्दी साहित्य सम्मेलन' की शाखाएं खोली गईं। इसके माध्यम से देश के अहिन्दी भाषी क्षेत्र के लोगों को हिन्दी पढ़ने व सीखने का अवसर मिला। अपने स्वभाव के अनुरूप मालवीय जी ने हिन्दी साहित्य सम्मेलन की स्थापना करने के बाद इसे आगे चलाने के लिए बाबू पुरूषोत्तम दास टण्डन को सौंप दिया।

सन् 1918 में इन्दौर में हुए हिन्दी साहित्य सम्मेलन के अधिवेशन में महात्मा गांधी इसके अध्यक्ष बने। उनके नेतृत्व में हिन्दी के प्रचार का एक नया अध्याय शुरू हुआ। उन्होंने दक्षिण भारत में राष्ट्रभाषा हिन्दी-प्रचार का काम प्रारम्भ किया। 1935 में दूसरी बार इन्दौर में हुए सम्मेलन के अधिवेशन को सम्बोधित करते हुए महात्मा गांधी ने अपने अध्यक्षीय भाषण में कहा कि ''मेरा क्षेत्र दक्षिण में हिन्दी-प्रचार है। सन् 1918 में जब आपका अधिवेशन यहाँ हुआ था तब से दक्षिण में हिन्दी-प्रचार के कार्य का आरम्भ हुआ है।'' महात्मा गांधी ने मालवीय जी के हिन्दी-प्रचार की प्रशंसा करते हुए कहा था ''सबसे पहला अधिवेशन सन् 1910 में हुआ था। उसके सभापति मालवीय जी महाराज ही थे। उनसे बढ़ कर हिन्दी-प्रेमी भारत वर्ष में हमें कहीं नहीं मिलेगा। कैसा अच्छा होता यदि वह आज भी इस पद पर होते। उनका हिन्दी प्रचार-क्षेत्र भारतव्यापी है। उनका हिन्दी का ज्ञान उत्कृष्ट है।''

महात्मा गांधी मालवीय जी का बड़ा सम्मान करते थे। वे मालवीय जी के राष्ट्रभाषा हिन्दी सम्बन्धी विचारों से पूर्णतः सहमत थे। महात्मा गांधी कहते थे कि "यह भाषा का विषय बड़ा भारी और बड़ा महत्वपूर्ण है।"

अन्ततः हिन्दी के महत्व को सभी ने समझा। कालान्तर में कांग्रेस के अधिवेशन में हिन्दी को ही राष्ट्रभाषा बनाने के प्रस्ताव को स्वीकृति प्राप्त हुई। स्वतंत्रता प्राप्ति के बाद 14 सितम्बर 1949 के दिन हिन्दी को भारत की राजभाषा के रूप में स्वीकृत किया गया। भारतीय संविधान में राजभाषा हिन्दी के प्रबन्ध में अनुच्छेद 343 (1) के अनुसार संघ की राजभाषा हिन्दी और लिपि देवनागरी होगी।

आज इस देश के लोगों को शायद इस बात का अहसास भी न होगा कि भारत में हिन्दी को विश्वविद्यालयों में एक विषय के रूप में कोई भी मान्यता प्राप्त नहीं थी। मालवीय जी ने बनारस हिन्दू विश्वविद्यालय में हिन्दी को सर्वप्रथम एक विषय के रूप में मान्यता दी। आज हिन्दी में पढ़ाई सारे विश्वविद्यालयों में प्रचलित है। हिन्दी साहित्य के पुरोधा आचार्य रामचन्द्र शुक्ल, पंडित, अयोध्या सिहं उपाध्याय 'हरिऔध', आचार्य हजारी प्रसाद द्विवेदी आदि इसी विश्वविद्यालय के हिन्दी विभाग के रत्न थे। मालवीय जी को हिन्दी के अखबारों का जनक कहना भी अतिशयोक्ति न होगी। कालाकाँकर (प्रतापगढ़) से 'हिन्दुस्तान' का संपादन करने के बाद उन्होंने प्रयाग से वर्ष 1907 में प्रकाशित 'अभ्युदय' और उसके बाद 'मर्यादा' का संपादन किया। इन समाचार पत्रों और इनके संपादकीय को जो सफलता और लोकप्रियता मिली वह अन्य समाचार पत्रों के लिये मार्गदर्शक बनी।

हिन्दी के भगीरथ - महामना पं. मदन मोहन मालवीय

इतिहास जब हिन्दी को राष्ट्रभाषा के पद पर प्रतिष्ठित कराने का श्रेय किसी को देगा तो पहला नाम महामना पं. मदन मोहन मालवीय का होगा। 19वीं शताब्दी तक उत्तर प्रदेश की राजभाषा के रूप में हिन्दी का कोई स्थान नहीं था। परन्तु 20 वीं सदी के मध्यकाल तक वह भारत की राष्ट्रभाषा बन गई, उसके पीछे महामना मालवीय जी के ही प्रयास थे जो उस आन्दोलन के आधार बने।

काशी नागरी प्रचारिणी सभा की सदस्यता मालवीय जी ने सभा की स्थापना के प्रथम वर्ष से ही ले ली थी। उसी समय से उन्होंने प्रयाग में वकालत आरम्भ की परन्तु सभा के कार्य-कलापों से उन्होंने कभी भी अपने को अलग नहीं रखा। वे पहले व्यक्ति थे जिन्होंने हिन्दी भाषा के प्रचार- प्रसार तथा उसे समुचित स्थान दिलाने के लिए किये जाने वाले संघर्ष को जन आन्दोलन का रूप दिया

तथा सभा की सम्पदा तथा आर्थिक स्रोतों के विकास के लिये महत्त्वपूर्ण योगदान दिया।

जब बंगाल, उड़ीसा, गुजरात तथा महाराष्ट्र में राजकाज तथा अदालतों की भाषा बन चुकी थी उस समय भी उत्तर प्रदेश की भाषा हिन्दुस्तानी थी और उर्दू को ही हिन्दुस्तानी माना जाता था जो फारसी लिपि में लिखी जाती थी। सन् 1885 के विधान में यह व्यवस्था थी कि सम्मन आदि अदालती कार्यों में हिन्दी और उर्दू दोनों का प्रयोग हो परन्तु व्यावहारिक रूप में उर्दू का प्रयोग जारी रहा। गवर्नर ने अपने काशी आगमन पर नागरी प्रचारिणी सभा के प्रतिनिधि मण्डल को मिलने का भी समय नहीं दिया और दूसरी ओर रोमन को राष्ट्र की लिपि बनाने का आन्दोलन चला।

इससे पूर्व मालवीय जी बालकृष्ण भट्ट के साथ हिन्दी का कार्य आरम्भ कर चुके थे। भट्ट जी हिन्दी के लिए समर्पित थे और उनके मन में हिन्दी को एक प्रतिष्ठित रूप में देखने की व्यग्रता थी। उस समय प्रयाग में केवल एक ही

पुस्तकालय थार्नहिल मैमोरियल लाइब्रेरी के नाम से था जिसमें यूरोपियन भाषाओं की पुस्तकों का बाहुल्य था तथा जनरुचि की पुस्तकों का अभाव था।

मालवीय जी के प्रयास से उनके निवास स्थान के पास ही भारती भवन पुस्तकालय की स्थापना हुई। पुस्तकालय के नियम के अनुसार यहाँ केवल हिन्दी तथा संस्कृत की ही पुस्तकें खरीदी जा सकती थीं तथा यूरोपियन भाषाओं की पुस्तकें केवल दान में प्राप्त की जा सकती थीं। मालवीय जी भारती भवन के ट्रस्टी चुने गये तथा वे जीवनपर्यन्त उसके अध्यक्ष रहे।

काशी नागरी प्रचारिणी सभा की स्थापना सन् 1893 ई. में हुई थी। इससे लगभग 1 दशक पहले सन् 1884 में प्रयाग में मालवीय जी के प्रयास से हिन्दी हितकारिणी सभा की स्थापना की गई थी। सर्वश्री माधव प्रसाद शुक्ल, रासबिहारी शुक्ल तथा पुरुषोत्तमदास टण्डन उनके सहयोगी थे। इस संस्था के माध्यम से भारतेन्दु की मान्यता "निज भाषा उन्नति अहै सब उन्नति कै मूल" को बल मिला और भारतेन्दु ने जो हिन्दी का सपना देखा था वह मालवीय जी तथा उनके सहयोगियों के हाथों स्वरूप लेने लगा।

सन् 1894 में मेरठ के दुर्गादत्त ने न्यायालयों में देवनागरी लिपि के प्रयोग के लिए ज्ञापन दिया जो अस्वीकृत हो गया। इस सन्दर्भ में नागरी प्रचारिणी सभा, काशी ने लैफ्टीनेन्ट गवर्नर को काशी आमंत्रित किया जिसका सकारात्मक उत्तर मिला। मालवीय जी के ऐतिहासिक प्रयास यहीं से आरम्भ होते हैं।

मालवीय जी ने लैफ्टीनेन्ट गवर्नर से भेंट की तथा हिन्दी न्यायालयों की भाषा बने इसका पक्ष दृढ़ता से प्रस्तुत किया। वे वकालत का काम छोड़ कर इसी कार्य में जुट गए। उच्च न्यायालय के एक कक्ष में लोग उन्हें कानून की पुस्तकों से नहीं वरन् सन्दर्भ पुस्तकों तथा अन्य साहित्यिक पुस्तकों से घिरा हुआ देखते थे। अनेक स्थानों का दौरा करके उन्होंने आंकड़े एकत्र किये तथा एक सौ पृष्ठों का ऐतिहासिक ज्ञापन शासन को देने के लिए तैयार किया। सन् 1897 में यह दस्तावेज इंडियन प्रेस से प्रकाशित हुआ।

इस कार्य को और गति देने के लिए नागरी प्रचारिणी सभा ने 17 व्यक्तियों की एक समिति का गठन किया। समिति के एक मात्र प्रतिनिधि मालवीय जी थे। प्रतिवेदन में 60 हजार व्यक्तियों के हस्ताक्षर थे जिनका मत था कि देवनागरी लिपि को ही न्यायालयों की भाषा होने का अधिकार है। यह हिन्दी के लिए पहली सुनियोजित एवं व्यूह बद्ध लड़ाई थी जिसने जनमानस में

हिन्दी के प्रति अपराजेय लालसा को जन्म दिया। मालवीय जी के परामर्श से बाबू श्यामसुन्दर दास ने कार्यक्रम को आन्दोलन के रूप में चलाने के लिए नगरों में समितियाँ गठित कीं। जनता के साथ बुद्धिजीवी तथा पत्र पत्रिकाएँ भी इस अभियान से जुड़ गईं।

20 अगस्त सन् 1896 में राजस्व परिषद ने एक प्रस्ताव पास किया कि सम्मन आदि की भाषा एवं लिपि हिन्दी होगी परन्तु यह व्यवस्था कार्य रूप में परिणित नहीं हो सकी। 15 अगस्त सन् 1900 को शासन ने निर्णय लिया कि उर्दू के अतिरिक्त नागरी लिपि को भी अतिरिक्त भाषा के रूप में व्यवहृत किया जाये। यह मालवीय जी के नेतृत्व में चल रहे प्रयासों की विजय थी परन्तु उर्दू भाषी तथा यूरोपियन समुदाय पर इसकी प्रतिकूल प्रतिक्रिया हुई। लैफ्टीनेन्ट गवर्नर ने मालवीय जी को बात करने के लिए आमंत्रित किया। मालवीय जी उस समय तेज बुखार में थे परन्तु दवाओं का ढेर लेकर वे गवर्नर के पास पहुँचे उसी स्थिति में उन्होंने गवर्नर से दो घण्टे बात की और उन्हें आश्वस्त किया कि वे आन्दोलन की चिन्ता न करें तथा किसी स्थिति में आदेश वापस न लें। यह कार्य मालवीय जी ही कर सकते थे।

हिन्दी प्रदेश की भाषा बन गई थी परन्तु मालवीय जी उसे राष्ट्र की भाषा के पद पर प्रतिष्ठित करने के लिए चिन्तित थे। उन्होंने हिन्दी साहित्य सम्मेलन का प्रारूप प्रस्तुत किया तथा सन् 1910 में काशी में आयोजित प्रथम हिन्दी साहित्य सम्मेलन की अध्यक्षता की। सम्मेलन में देश भर से 300 प्रतिनिधि तथा विभिन्न प्रमुख समाचार पत्रों के 42 सम्पादक सम्मिलित हुए। इस अवसर पर अदालतों में नागरी लिपि का प्रचार, उच्च कक्षाओं में हिन्दी का शिक्षण, हिन्दी पाठ्यपुस्तकों का प्रणयन, राष्ट्रभाषा के रूप में हिन्दी और नागरी का प्रयोग तथा स्टाम्पों पर हिन्दी का प्रयोग आदि प्रस्ताव पारित किए गये।

सम्मेलन में मालवीय जी ने अत्यन्त मार्मिक अध्यक्षीय भाषण दिया। एक कोष की स्थापना की गयी जिसमें तुरन्त 3524 रुपये संग्रहीत हो गये। स्वयं मालवीय जी ने अपने अंशदान के रूप में 11 हजार रुपये देने की घोषणा की। सभा पर 6 हजार रुपये का ऋण था उसे अदा करने का आश्वासन मिला। पं. श्यामबिहारी मिश्र ने मालवीय जी के संबन्ध में कहा था "हिन्दी की जो उन्नति आज दिखाई देती है उसमें मालवीय जी का उद्योग मुख्य कहना चाहिए। इस अवसर पर हमें दूसरा सभापति इनसे बढ़कर नहीं मिल सकता था।"

अपने अध्यक्षीय भाषण में मालवीय जी ने हिन्दी अपनाने, सरल हिन्दी का प्रयोग करने तथा अन्य भाषाओं के प्रचलित शब्द ग्रहण करने की अपील की। उनका कहना था कि संस्कृत की पुत्री होने के कारण हिन्दी प्राचीनतम भाषा है।

सन् 1919 से बम्बई में आयोजित हिन्दी साहित्य सम्मेलन की अध्यक्षता करते हुए मालवीय जी ने कहा कि सभी भारतीय भाषाएँ आपस में बहने हैं तथा हिन्दी उनमें बड़ी बहन है। अन्य प्रादेशिक भाषाओं की अपेक्षा हिन्दी बोलने वालों की संख्या अधिक है। 32 करोड़ भारत वासियों में ही साढ़े तेरह करोड़ लोग हिन्दी बोलते हैं। अतः देवनागरी लिपि में लिखी जाने वाली हिन्दी भाषा को राष्ट्र भाषा का स्थान दिया जाना चाहिए। उन्होंने हिन्दी को उच्च शिक्षा का माध्यम बनाने पर भी बल दिया। उन्होंने आशा व्यक्त की कि कोई दिन आएगा जब अंग्रेजी की तरह हिन्दी भी विश्व भाषा बनेगी। सन् 1939 में काशी में पुनः आयोजित 18 वें हिन्दी साहित्य सम्मेलन के वे स्वागताध्यक्ष थे। इसी हिन्दी साहित्य सम्मेलन ने बाद में मालवीय जी के आदर्शों के उत्तराधिकारी पुरुषोत्तमदास टण्डन के नेतृत्व में भारतीय संविधान में हिन्दी को राष्ट्रभाषा के रूप में अभिहित करने का महत्वपूर्ण कार्य किया।

काशी हिन्दू विश्वविद्यालय में स्नातक तथा स्नातकोत्तर स्तर पर हिन्दी को एक विषय के रूप में उन्होंने स्थान दिया। कलकत्ता विश्वविद्यालय के बाद काशी हिन्दू विश्वविद्यालय ही था जहाँ सबसे पहले हिन्दी में स्नातकोत्तर कक्षाओं में शिक्षा प्रारम्भ हुई। हिन्दी साहित्य में प्रथम शोध भी यहीं प्रस्तुत हुआ था। विश्वविद्यालय की स्थापना के मूल में मालवीय जी के मन में एक ऐसा विश्वविद्यालय स्थापित करने की परिकल्पना थी जहाँ मातृभाषा में सभी विद्याओं के शिक्षण की व्यवस्था हो। विश्वविद्यालय के हिन्दी विभाग में उन्होंने बाबू श्यामसुन्दर दास, आचार्य रामचन्द्र शुक्ल, अयोध्या सिंह उपाध्याय हरिऔध तथा लाला भगवानदीन जैसे विद्वानों की नियुक्ति की। उनकी इच्छा थी कि विश्वविद्यालय में हिन्दी माध्यम से शिक्षा दी जाये परन्तु शिक्षा सचिव बटलर के विरोध के कारण तब ऐसा संभव नहीं हो सका। फिर भी विश्वविद्यालय की रजत जयन्ती के अवसर पर महात्मा गांधी की उपस्थिति में मालवीय जी ने विश्वास दिलाया था कि जैसे-जैसे हिन्दी में पुस्तकों की रचना होती जायेगी हिन्दी माध्यम को विस्तार दिया जाता रहेगा। दुर्भाग्य से अंग्रेजों के भारत छोड़ने से पहले वे इस लोक से चले गए अन्यथा काशी हिन्दू विश्वविद्यालय हिन्दी माध्यम का विश्वविद्यालय

होता। यह दायित्व वह दूसरी पीढ़ी पर छोड़ गये हैं। काश! मालवीय जी की इस महान संस्था के वेतनभोगी उनकी भावना को महसूस कर सकते।

नागरी प्रचारिणी सभा से वे अन्त तक जुड़ कर हिन्दी के लिए कार्य करते रहे। हिन्दी शब्द सागर की पूर्ति पर उन्होंने सभा के नये भवन का शिलान्यास किया था। प्रस्तर मंजूषा में ताम्र पर मालवीय जी के संबन्ध मे लिखा गया -

इस स्थल पर नागरी प्रचारिणी सभा काशी के नवीन भवन का शिलान्यास संस्कार माघ शुक्ल 5 सं. 1985 विक्रमी को महामना पं मदन मोहन मालवीय के कर कमलों से संपन्न हुआ।

हिन्दी पत्रकारिता के क्षेत्र में भी मालवीय जी का अवदान अविस्मरणीय रहेगा। उन्होंने कालाकाँकर जैसे ग्रामीण अंचल में रहकर हिन्दी के प्रथम दैनिक हिन्दोस्थान का सम्पादन किया तथा अपने सम्पादन से देश में एक नयी वैचारिक क्रान्ति को जन्म दिया। उन्होंने अभ्युदय जैसे कई पत्रों का भी सम्पादन किया जिसमें पहली बार राष्ट्र कवि मैथिली शरण गुप्त की रचना प्रकाशित हुयी थी। यदि मालवीय जी न होते तो मैथिलीशरण गुप्त जैसे कवि प्रेरणा विहीन रहते और उनकी साधना भी शायद इतनी प्रखर न होती।

मालवीय जी स्वयं भी रचनाकार थे। बाल्यकाल से ही वे मकरन्द नाम से लिखते थे तथा उनकी रचनाओं का प्रकाशन बाल कृष्ण भट्ट के हिन्दी प्रदीप में होता था। बी.ए. पास करने के बाद ही उन्होंने इलाहाबाद में साहित्य समाज की स्थापना की थी जहाँ साहित्य चर्चा तथा हिन्दी प्रचार का कार्य होता था।

इस प्रकार महामना मालवीय ने बाल्यकाल से जीवन के अन्तिम क्षण तक हिन्दी के लिये अथक कार्य किया। उनके अनवरत प्रयास और संघर्ष केवल भगीरथ की तपस्या के पर्याय हो सकते हैं जिसके फलस्वरूप हम एक गंगा के दर्शन कर सके जिसका नाम राष्ट्र भाषा हिन्दी है।

हिंदी पत्रकारिता के उन्नायक मदन मोहन मालवीय

पंडित मदन मोहन मालवीय। एक देशभक्त, लोकप्रिय शिक्षक, विद्वान राजनीतिज्ञ, प्रखर वक्ता, उच्च कोटि के वकील और हिंदी पत्रकारिता के उन्नायक। जिनका नाम भारतीय इतिहास में स्वर्णाक्षरों में अंकित है। महामना के नाम से लोकप्रिय रहे मालवीय जी ने देश की स्वतंत्रता के आंदोलन को गति प्रदान की। देश में अंग्रेजों के अत्याचारी शासन के विरुद्ध जनता को जागृत करने

का कार्य मालवीय जी ने अपनी पत्रकारिता के माध्यम से किया। जनता की जागरूकता ही आंदोलनों की पृष्ठभूमि तैयार करने का कार्य करती है। इसी उद्देश्य को ध्यान में रखते हुए मालवीय जी ने पत्रकारिता के माध्यम से जनचेतना और जनशिक्षण का कार्य किया था।

पंडित मदन मोहन मालवीय का जन्म 25 दिसंबर, 1861 को इलाहाबाद में हुआ था। पिता पंडित ब्रजनाथ संस्कृत के प्रकांड विद्वान और कथावाचक थे। मदन मोहन मालवीय को पिता से विद्वता और माता से सच्चरित्रता जैसे गुण विरासत में मिले थे, जिनका प्रभाव उनके जीवन पर पड़ा। महामना ने अनेक कार्यों के माध्यम से राष्ट्र सेवा की, जिसमें पत्रकारिता का महत्वपूर्ण योगदान है।

पंडित मदन मोहन मालवीय को हिंदी पत्रकारिता का उन्नायक माना जाता है। जिन्होंने भारतेंदु हरिशचन्द्र के जाने के बाद हिंदी पत्रकारिता में उपजे शून्य को समाप्त किया। सन् 1887 में प्रयाग के निकट कालाकाँकर से प्रकाशित होने वाले समाचार पत्र 'हिंदोस्थान" के वे संपादक बने। संपादक का दायित्व उन्होंने हनुमत प्रेस के संस्थापक राजा रामपाल के आग्रह पर संभाला था।

उन्होंने अपने स्वाभिमान और पत्रकारिता के कर्तव्यों के साथ कभी भी समझौता नहीं किया। राजा रामपाल द्वारा संपादक बनने के आग्रह पर उन्होंने राजा साहब के समक्ष दो शर्तें रखीं। वे शर्तें इस प्रकार थीं, कि आप कभी भी मेरे कार्य में हस्तक्षेप नहीं करेंगे और नशे की हालत में मुझे कभी मिलने के लिए नहीं बुलाएंगे। राजा रामपाल ने मालवीय जी की इन शर्तों को सहर्ष मान लिया, जिसके बाद ही महामना ने संपादक का दायित्व संभालने की स्वीकृति दी। महामना ने'हिंदोस्थान" समाचार पत्र को नई ऊंचाईयां प्रदान कीं।

मालवीय जी के संपादकीय सहयोगी तत्कालीन समय के प्रतिष्ठित विद्वान और भाषाविद् थे। जिनमें प्रताप नारायण मिश्र, बाबू शशिभूषण, बालमुकुंद गुप्त आदि प्रमुख थे। महामना के संपादन में 'हिंदोस्थान" समाचार पत्र देश का लोकप्रिय पत्र बन गया। तत्कालीन सामाजिक, आर्थिक, राजनीतिक व सांस्कृतिक स्थितियों पर उनके लेख व संपादकीय टिप्पणियां लोगों को बहुत भाती थीं। मालवीय जी ने समाचार पत्रों की पत्रकारिता में एक नवीन प्रयोग किया, उन्होंने 'हिंदोस्थान'में गांवों की समस्याओं और समाचारों को भी स्थान दिया। ग्रामीण समस्याओं और विकास के समाचारों को पत्रों में स्थान देने का आरंभ मालवीय जी ने ही किया था। इसके बाद से यह विषय हिंदी समाचार पत्रों के महत्वपूर्ण अंग बन गए।

मालवीय जी ने ढाई वर्षों तक निरंतर 'हिंदोस्थान" के संपादक का दायित्व संभाला। लेकिन एक दिन राजा रामपाल ने महामना को नशे की हालत में किसी विषय पर परामर्श के लिए बुलवाया। राजा साहब से मिलते ही मालवीय जी ने नशे में उनको न बुलाने की शर्त याद दिलाते हुए कहा कि अब मैं एक पल भी यहाँ नहीं ठहर सकता। राजा साहब ने उनको बहुत मनाया लेकिन वे अपने निर्णय से नहीं डिगे। 1889 में मालवीय जी ने 'हिंदोस्थान" समाचार पत्र को छोड़ दिया।

'हिंदोस्थान" छोड़ने के बाद महामना प्रयाग आ गए और उस समय के प्रसिद्ध अंग्रेजी पत्र 'इंडियन ओपीनियन" से जुड़े। कुछ समय पश्चात् 'इंडियन ओपीनियन" का लखनऊ से प्रकाशित होने वाले पत्र 'एडवोकेट" में विलय हो गया। विलय के पश्चात् भी मालवीय जी 'एडवोकेट" से जुड़े रहे, इसी दौरान उन्होंने पत्रकारिता की पढ़ाई शुरू कर दी। मालवीय जी ने सन् 1891 में एल.एल. बी की परीक्षा उत्तीर्ण की और जिला न्यायालय में वकालत करने लगे। सन् 1893 में उन्हें उच्च न्यायालय में वकालत करने का मौका मिला। उच्च न्यायालय में वकालत करते हुए भी मालवीय जी लेखन के माध्यम से समाचार पत्रों से जुड़े रहे। मालवीय जी की सदैव ही यह आकांक्षा रही थी कि अपने प्रयास से समाचार पत्र का प्रकाशन प्रारंभ किया जाए।

सन् 1907 में बसंत पंचमी के दिन हिंदी पत्रकारिता ने नया उदय देखा। यह उदय मालवीय जी के समाचार पत्र 'अभ्युदय" के रूप में हुआ था, यह पत्र साप्ताहिक था। मालवीय जी ने 'अभ्युदय" के लिए लिए जो संपादकीय नीति तैयार की थी, उसका मूल तत्व था स्वराज। महामना ने 'अभ्युदय'में ग्रामीण लोगों की समस्याओं को महत्वपूर्ण स्थान दिया था। जिसका उदाहरण 'अभ्युदय" के पृष्ठों पर लिखा यह वाक्य था- 'कृपा कर पढ़ने के बाद अभ्युदय किसी किसान भाई को दे दीजिए'।

मालवीय जी की पत्रकारिता का ध्येय ही राष्ट्र की स्वतंत्रता था, जिसके लिए वे जीवनपर्यंत प्रयासरत रहे। उन्होंने 'अभ्युदय" में कई क्रांतिकारी विशेषांक प्रकाशित किए। इनमें 'भगत सिंह अंक" व'सुभाष चंद्र बोस" विशेषांक भी शामिल हैं। जिसके कारण 'अभ्युदय" के संपादक कृष्णकांत मालवीय को जेल तक जाना पड़ा, 'अभ्युदय" के क्रांतिकारी लेखों में मालवीय जी की छाप दिखाई पड़ती थी।

गांवों से संबंधित विषयों को समाचार पत्र में स्थान देने के अलावा लेखकों को मानदेय देने का प्रचलन भी मालवीय जी ने ही प्रारंभ किया था। 'अभ्युदय" में प्रकाशित पं महावीर प्रसाद द्विवेदी के लेख के साथ ही उन्होंने लेखकों को मानदेय देने की शुरुआत की थी। उनका यह कार्य इसलिए भी प्रशंसनीय था क्योंकि उस समय 'अभ्युदय" की आर्थिक स्थिति भी बहुत अच्छी नहीं थी।

मालवीय जीने'अभ्युदय'के पश्चात् 24 अक्टूबर, 1910 को अंग्रेजी पत्र 'लीडर" का प्रारंभ किया। मालवीय जी 'लीडर" के प्रति सदा संवेदनशील रहे, डेढ़ वर्ष बीतते-बीतते 'लीडर" घाटे की स्थिति में जा पहुंचा। महामना उस दौरान काशी हिंदू विश्वविद्यालय के लिए धन एकत्र करने में लगे हुए थे, जब 'लीडर" के संचालकों ने मालवीय जी को घाटे की स्थिति से अवगत कराया तो वे विचलित हो उठे। उन्होंने कहा कि, "मैं लीडर को मरने नहीं दूंगा।'" काशी विश्वविद्यालय की स्थापना का कार्य बीच में ही रोककर मालवीय जी 'लीडर" के लिए आर्थिक व्यवस्था के कार्य में जुट गए। पहली झोली उन्होंने अपनी पत्नी के आगे यह कहते हुए फैलाई कि "यह मत समझो कि तुम्हारे चार ही पुत्र हैं। दैनिक लीडर तुम्हारा पांचवां पुत्र है। अर्थहीनता के कारण यह संकट में पड़ गया है। तो क्या मैं पिता के नाते उसे मरते हुए देख सकता हूं।" मालवीय जी के अथक प्रयासों से लीडर बच गया। मालवीय जी ने पत्रकारिता में नए प्रयोग किए और पत्रकारिता को नए आयामों पर पहुचाया। 12 नवंबर, 1946 को महामना मदन मोहन मालवीय को मालवीय जी ने अपने प्राण त्याग दिए, परंतु उनकी स्मृतियां और उनके आदर्श सदैव पत्रकारिता जगत में विद्यमान रहेंगे।

5

राष्ट्रवादी एवं पत्रकार की भूमिका में महामना मालवीय

मालवीय जी के राजनीतिक कार्यों का प्रमुख मंच कांग्रेस ही था। सी.वाई. चिन्तामणि ने बताया है कि प्रारम्भ में बीस वर्ष तो संयुक्त प्रान्त में मालवीय जी ने ही गंगाप्रसादजी वर्मा के सहयोग से कांग्रेस का झण्डा फहराये रखा। मालवीय जी की अध्यक्षता में 1909 में लाहौर तथा 1918 में दिल्ली में कांग्रेस का वार्षिक अधिवेशन हुआ। 1903-1918 तक प्रान्तीय कौन्सिल की सदस्यता के जरिये उन्होंने संयुक्त प्रान्त की महत्वपूर्ण सेवा की। 1910 मे मालवीय जी जब प्रान्तीय कौन्सिल में थे गैर सरकारी सदस्यों द्वारा केन्द्रीय कौन्सिल के सदस्य निर्वाचित होकर 1920 तक वहां काम करते रहे। देश की रक्षा और अभिवृद्धि के निमित्त मालवीय जी ने सरकार की सैनिक प्राशासनिक आर्थिक और वित्तीय नीतियों और गतिबिधियों की रचनात्मक समीक्षा की फिर 1924-30 की भारतीय लेजिस्लेटिव असेम्बली के निर्वाचित सदस्य की हैसियत से देश के लिए अनेक महत्वपूर्ण कार्य किए।

कांग्रेस के जन्मकाल से मालवीय जी उसके सक्रिय अग्रणी नेता रहे। दिसम्बर सन् 1908 में कांग्रेस के वार्षिक अधिवेशन में मालवीय जी ने कांग्रेस के उस प्रस्ताव का समर्थन किया जिसमें प्रस्तावित राजनीतिक सुधारों का स्वागत

किया गया था और स्वीकार किया गया था कि विधान कौंसिलों का विस्तार तथा उनके अधिकारों और कार्यों का परिवर्धन कार्य परिषदों में भारतीय सदस्यों की नियुक्तियाँ तथा स्वायत्त शासन का अधिक परिवर्धन सुधारों की उदार किस्त है। साम्प्रदायिक आधार पर चुनावों के प्रस्ताव का विरोध करते हुए उन्होंने कहा धर्म के आधार पर प्रतिनिधियों का चुनाव अनावश्यक और असम्भव है।

मालवीय जी ने तत्कालीन राजनीतिक सुधारों के क्षेत्र में अत्यन्त महत्वपूर्ण भूमिका का निर्वाह किया। राष्ट्रीयता का एक सही परिप्रेक्ष्य प्रस्तुत किया। विभिन्न कमेटियों में गवाही तथा हिस्सेदारी के जरिए सामाजिक आर्थिक राजनीतिक समस्याओं का समाधान तथा तत्कालीन देश स्थिति में बदलाव के क्षेत्र में उन्होंने महत्वपूर्ण कार्य किए, साथ ही 1916-18 में इण्डस्ट्रियल कमीशन के सदस्य की हैसियत से उसके काम में मालवीय जी का योगदान तत्कालीन स्थिति में ऐतिहासिक महत्व का है जिससे औद्योगिक ह्रास पर उन्होंने गहरी चिन्ता व्यक्त की थी।

शुरू से लेकर सन् 1937-38 तक कांग्रेस के प्रायः सभी वार्षिक एवं विशेष अधिवेशनों में भाग लेकर मालवीय जी ने राष्ट्र की विभिन्न समस्याओं के सन्दर्भ में अपने गहन विचारशील तथा संघर्षरत व्यक्तित्व का परिचय दिया। वे देश की राजनीतिक बौद्धिक एवं सांस्कृतिक दासता से मुक्ति के लिए सदा संघर्षशील रहे। रौलट एक्ट तथा जलियांवाला हत्याकांड का प्रत्यक्ष विरोध कांग्रेस स्वराज्यपार्टी एवं नेशनलिस्ट पार्टी तथा स्वदेशी संघों का गठन एकता कान्फ्रेन्स उसी संघर्ष की अन्तहीन गाथाएँ हैं।

भारतीय राष्ट्रीय कांग्रेस की स्थापना के दूसरे वर्ष में प्रवेश करके मालवीय जी ने पचास वर्ष तक लगातार इसमें सक्रिय कार्य करने का अनूठा उदाहरण प्रस्तुत किया। उनके समान इतनी लम्बी अवधि तक कांग्रेस में कार्य करने वाले विरले ही नेता होंगे। कांग्रेस में भाग लेते ही वे प्रसिद्ध हो गये। सत्य तो यह है कि उन्हें राष्ट्रीय नेतृत्व में उच्चतम स्थान सहज ही मिल गया। इसके लिए न तो उन्होंने कोई प्रयास किया और न किसी पद को प्राप्त करने की उनकी लालसा थी। 1909 1918 1930 तथा 1932 आदि में उन्हें कांग्रेस की अध्यक्षता करने का अवसर देकर इस राष्ट्रिय संस्था ने उनके महत्त्व को स्वीकारा।

यह ध्यान देने योग्य है कि लम्बे राजनीतिक जीवन में मालवीय जी का प्रभाव कभी मन्द नहीं पड़ा। उनके समय के अनेक राष्ट्रनेता राष्ट्रीय राजनीति में

पिछड़ गए अथवा इससे सामंजस्य न बिठा सके परन्तु मालवीय जी का नेतृत्व लगातार ओजस्वी बना रहा। महान् राष्ट्रसेवी को पुनः कांग्रेस की अध्यक्षता ऐसे दौर में सौंपी गयी जब सरकार का दमनचक्र चल रहा था। मालवीय जी ने सत्तर वर्ष से भी अधिक कांग्रेस की अध्यक्षता की, जेल की यात्रा की और अनेक कष्ट सहे। कांग्रेस ने उन्हें जो जिम्मेदारी सौंपी उन्होंने पूर्ण निष्ठा से उसका निर्वाह किया।

मुख्य रूप से उनकी राजनीतिक विचारधारा नरमपंथी थी। आरम्भिक तीन दशकों में उन्होंने जो राजनीतिक दृष्टीकोण अपनाया उसी पर उनकी आस्था बनी रही। इसी कारण उन्होंने बड़े उत्साह से प्रांतीय तथा केन्द्रीय असेम्बलियों की बैठकों में भाग लिया लम्बे भाषण दिए और तत्कालीन ब्रिटिश सरकार को प्रभावित करने का प्रयास किया। जब राजनीतिक संघर्ष का स्वरूप गांधीयुग में बदला तब उन्होंने इसके अनुसार कार्य करने में देर नहीं की। सविनय अवज्ञा आन्दोलन के दौरान वे पूरी तरह से आन्दोलनात्मक संघर्ष से प्रतिबद्ध रहे। दांडी यात्रा के समाप्त होने तक उन्होंने लेजिस्लेटिव असेम्बली से विदा ले ली और आन्दोलन आरम्भ होते ही वे इसे सफल बनाने में जुट गए। आन्दोलन के पहले दौर में उन्होंने जेल यात्रा भी की। गाँधी.इरविन समझौते के बाद दूसरे गोलमेज सम्मेलन में भाग लेने के उद्देश्य से उनकी लन्दन यात्रा से यह एक बार फिर दिखायी दिया। सर तेज बहादुर सप्रू ने अपने एक संस्मरण में लिखा है इस कान्फ्रेन्स में कोई ऐसा हिन्दुस्तानी नहीं था जिसे कि मालवीय जी से अधिक मात्रा में ब्रिटिश राजनीतिज्ञों का सम्मान प्राप्त था। जब आन्दोलन का दूसरा दौर आया तब उन्होंने जनसंघर्ष को दिशा देने में सक्रिय भूमिका निभायी। राष्ट्रसेवा में जिस तेजस्विता के साथ उन्होंने अग्रणी भूमिका निभायी वह कांग्रेस के उज्ज्वल इतिहास का एक गौरवमय अध्याय है। देश को स्वाधीन कराना उनका सर्वोपरि लक्ष्य था। दृढ़ निश्चय और संकल्प के साथ वे जीवन की अन्तिम साँस तक इसी ओर प्रयत्नशील रहे।

1937 में मालवीय जी ने सक्रिय राजनीतिक जीवन से संन्यास ले लिया। यह अवसर था प्रान्तीय चुनावों के बाद की अखिल भारतीय कांग्रेस कमेटी की बैठक का जिसमें कांग्रेस द्वारा मंत्रिमण्डल बनाने पर विचार हुआ। मालवीय जी का विचार था कि चुनावों में की गयी प्रतिज्ञा को तथा नयी व्यवस्था की कमियों को ध्यान में रखकर उन्हें कांग्रेस को मंत्रिमण्डल बनाकर शासन का उत्तरदायित्व

नहीं लेना चाहिए। पं. जवाहरलाल नेहरू, आचार्य नरेन्द्रदेव आदि अनेक कांग्रेस के नेताओं का भी यही विचार था परन्तु बहुमत से पदग्रहण करने के बजाय आयु के छिहत्तरवें वर्ष में अखिल भारतीय कांग्रेस कमेटी की बैठक में नवयुवक कांग्रेस कार्यकर्ताओं को आशीर्वाद देते हुए उन्होनें सक्रिय राजनीति से छुट्टी ले ली।

पत्रकार की भूमिका में

मैं ऐसी किसी संस्था,किसी विद्यालय,महाविद्यालय,विश्वविद्यालय को नही जानता जो इतने बड़े पैमाने पर लोगों को शिक्षित कर सकता है जितना कि एक समाचार पत्र कर सकता है। हमने महसूस किया कि किसी भी प्रांत कि सेवा करने का सबसे बेहतर तरीका है एक समाचार पत्र जो ना केवल पढ़े लिखे भारतीय लोगों के मतों की व्याख्या करे बल्कि जन सामान्य की विचारधारा को समृद्ध बनाने में उनका मार्गदर्शन भी करे।

'मदन मोहन मालवीय, द लीडर, 23 अक्टूबर 1929'

मालवीय जी ने अपना पहला लेख 1880 में,बाल कृष्ण भट्ट द्वारा स्थापित हिन्दी पत्र प्रदीप में लिखा। पत्रकारिता में उनकी रुचि 1882 के कुंभ के मेले से जुड़ी एक छोटी सी घटना से शुरू हुई। प्रो. आदित्य राम भट्ट और उनके छोटे भाई,बेनी माधव,जो कुंभ मेले में हिंदू भावनाओं की अनदेखी,दुर्व्यवस्था और उदासीनता के खिलाफ आयोजकों का विरोध कर रहे थे। यद्यपि उनका विरोध सही दिशा में था परन्तु सरकार ने उन्हें परेशान करने(और बाकियो को सबक सिखाने) के लिये कानूनी दावपेंच लगाकर दमनकरी कदम उठाये। उन्हें अदालत में हाजिर होना पड़ा,अदालत में उन्हें अत्यन्त ही विद्वेषपूर्ण और कठोर कार्यवाही का सामना करना पड़ा,इस कार्यवाही के दौरान उन्हें भारी धन हानि का सामना करना पड़ा और अंतहीन शारीरिक और मानसिक तनाव भी झेलना पड़ा। सबसे दुर्भाग्यपूर्ण यह था कि कोई भी उनकी मदद नही कर सका। इस प्रकट रूप से असंबद्ध घटना ने मालवीय जी पर गहरा प्रभाव डाला, जिसे हम उनके सक्रिय पत्रकारिता में आने का कारण भी मान सकते हैं। उनके मन में यह स्पष्ट हो गया कि किसी भी सरकारी दमनकारी कार्यवाही या न्यायपालिका द्वारा किए गए अन्याय से लड़ने के लिये पत्रकारिता एक सशक्त माध्यम है मालवीय जी ने अपने पहले संपादन कार्य का अनुभव अपने गुरु आदित्य राम भट्ट की सहायता

करने के दौरान प्राप्त किया,जिन्होंने 1885 में "इंडियन यूनियन" नामक साप्ताहिकी की शुरुआत की। मालवीय जी ने 1885 से 1887 तक संपादन कार्य में उनकी सहायता की। उन्होंने 1891 में "इंडियन यूनियन" की संपादकीय के लिये फिर से काम करना प्रारंभ किया,इस बार उन्होंने सर सुंदर लाल(इलाहाबाद के प्रतिस्ठित विधिवेत्ता,और बाद में बनारस हिंदू विश्वविद्यालय के सर्वप्रथम कुलपति) के छोटे भाई बलदेव राम दवे के साथ काम किया। वे इसके साथ तब तक जुड़े रहे जब तक इसका विलय(1892 में) "द एडवोकेट ऑफ लखनऊ" में नहीं हो गया।

ए ब्रोकेन प्रोमिस आधिकारिक रूप से पत्रकारिता के क्षेत्र में काम करने का अवसर उनके जीवन में तब आया जब कालाकाँकर के राजा रामपाल सिंह 1886 में कलकत्ता में आयोजित कांग्रेस के अधिवेशन में उनका भाषण सुना और वे उस युवा वक्ता से बहुत प्रभावित हुए। राजा साहब ने उन्हें 200 रुपए प्रतिमाह वेतन पर अपने हिन्दी समाचार पत्र "हिन्दोस्थान" का संपादक बनने के लिये आमंत्रित किया। मालवीय जी के सामाजिक कार्य में अत्यन्त रुचि और समसामयिक मसलों कि अच्छी जानकारी,अँगरेजी और हिन्दी दोनों भाषाओं में अपने विचारों को प्रभावशाली ढंग से प्रकट करने की उनकी प्राकृतिक क्षमता ने उन्हें पत्रकारिता के पेशे के लिये उपयुक्त बना दिया।

मालवीय जी संपादक के रूप में काफी सफल रहे और उन्होंने समाचार पत्र के प्रारूप में कई परिवर्तन किए। इसके पहले तुलना करने के लिए कोई भी प्रतिरूप या बानगी उपलब्द्ध नहीं थी। ये उन्हीं की परिकल्पना का परिणाम था,कि हिन्दोस्थान दैनिक समाचार पत्र में तब्दील हो गया और एक विदेशी समाचार सेवा उसे खरीदने लगी। मालवीय जी ने गद्य और पद्य दोनों में ही एक नई साहित्यिक विधा विकसित की। यह समाचार पत्र हिन्दी कविता को प्रोत्साहन देने में अग्रणी बन गया और कई लेखक इसकी ओर आकर्षित हुए इसने उर्दू की अपेक्षा हिन्दी को अधिक प्रोत्साहन दिया। खड़ी बोली को स्तरिक्रित करने के लिए इसने अपनी एक नई विधा विकसित की,चूंकि मालवीय जी अपनी लिखा पढ़ी और संपादकीय में सरल हिन्दी को इस्तेमाल करने के पक्ष में थे। अपनी लोकप्रियता के कारण जल्द ही इसकी खपत 500 तक पहुंच गयी। मालवीय जी ने हिन्दोस्थान के लिए 1887 से 1889 तक साह संपादक के रूप में क्रय किया एन डूब्लू पी की सरकार ने पाया कि हिन्दोस्थान सम्भवतः देश भाषा में प्रकाशित

होने वाले अन्य सभी समाचार पत्रों में सबसे कुशल और महत्वाकांक्षी है। मालवीय जी को राजा की शराब पीने की बुरी लत से अवगत थे और उन्होंने संपादकीय स्वीकार करने से पहले राजा के सामने शर्त रखी कि राजा कभी भी नशे की हालत में उनसे बात नही करेंगे। एक दिन जब राजा नशे में थे उन्होंने पडित अयोध्या नाथ के खिलाफ आपत्तिजनक बाते कहीं, जिनके बारे में मालवीय जी का कहना था कि "उन्होंने उनसे ज्यादा प्रभावशाली व्यक्तित्व नही देखा। चूँकि राजा ने अपना वचन तोड़ दिया और एक वरिष्ठ एवं सम्मानित व्यक्ति का अपमान किया था, मालवीय जी ने तुरंत वह नौकरी छोड़ दी। राजा बार बार कहते रहे कि मुझे नहीं पता मै नशे की हालत में क्या कहा।लेकिन फिर भी यदि मेरी जबान से कोई अपशब्द निकला हो,तो मेरा सर आपके सामने है, आप जो चाहे सजा दे सकते है। लेकिन मालवीय जी अपनी बात से नही डिगे।राजा ने अपने काबिल संपादक को अन्निछापूर्वक इस आश्वासन के साथ जाने दिया कि वे अपनी विधि(एल एल बी) की पढाई पूरी करेंगे। उन्होंने मालवीय जी को विधि कि पढाई के दौरान खर्च के लिए 100 रुपए प्रतिमाह स्वीकार करने के लिए बाध्य कर दिया। मालवीय जी को सशक्त पत्रकारिता का महत्व समझ में आ गाया था।इसलिए इस क्षेत्र में आए और खुद के दो समाचार पत्रों की शुरुआत की और दर्जनों से भी अधिक दूसरे समाचार पत्रो में संपादन और सहायक की कमान सम्भाली। यहाँ तक कि 1929 में जब वे तल्लीनता के साथ दूसरे काम कर रहे थे जिसमे उनकी वकालत भी शामिल थी, उस वक्त भी उनकी दिलचस्पी पत्रकारिता में बनी हुयी थी। इलाहाबाद के एक जाने माने विधिवेत्ता, सच्चिदानंद सिन्हा जो बिहार के थे, छात्र जीवन से ही उनका मालवीय जी से गहरा लगाव था।मालवीय जी ने 1899 में अंग्रेजी मासिक "हिंदुस्तन रिव्हियु" और 1903 में "इंडियन पीपल" नामक साप्ताहिकी शुरू करने में उनकी सहायता की।

1907 में मालवीय जी ने अपने खुद के हिन्दी साप्ताहिक पत्र "अभ्युदय" की शुरुआत की और 1909 तक इसका संपादन भी किया। यह पत्र वैधानिक सभा,जिसके वे 1902 से सदस्य थे, में होने वाले सुधारों को प्रकाशित करने और सुधारों के लिए दबाव बनाने के लिए था। इसका महत्व और भी ज्यादा हो गया जब 1905 में उन्होंने विश्वविद्यालय की स्थापना की योजना बनायी।

1915 और फिर 1926-1927 में एक छोटी अवधि के लिए अभ्युदय को दैनिक कर दिया गया। उसके बाद अभ्युदय साप्ताहिक के रूप में मालवीय जी

की देख रेख में चलता रहा, लेकिन विभिन्न संपादकों के साथ।इसने अपने विकास के दौरान काफी उतार चढाव देखे, जिसमे अपनी चरम समृद्धि के दिनों में इसका वितरण 3,000 से 11,000 तक पहुंच गया, साथ ही अधिकारियों से काराव, निलम्बन और कुछ समय के लिए काम बंदी की भी स्थितियों से रू ब रू होना पड़ा।

24 अक्तूबर 1909 को मालवीय जी ने भारतीय लोगो के समावेश से एक अँगरेजी दैनिक "लीडर" कि शुरुआत की और 1911 तक इसका संपादन भी स्व्यं किया। लीडर सरकारी कार्यवाहियों और योजनाओं का विकट समालोचक होने के बाद भी लोकप्रिय और समृद्ध था 1927 में इसका अपना भवन था और इसका एक हिन्दी रूपांतरण भारत नाम से प्रकाशित होता था, जो हिन्दी भाषी लोगो के राजनैतिक ज्ञानोदय के लिए था। अभ्युदय और लीडर दोनों ने ही लगभग चार दशकों तक राष्ट्र की स्वतंत्रता के पक्ष में महत्वपूर्ण योगदान दिया। उन्हें संपादकों की मितव्यियता भी शुरू कर दी पर यह भी इन पत्रों को वित्तीय घाटे से बचा नही पाया। मार्च 1928 में इसका द हिन्दोस्थान टाइम्स लिमिटेड के नाम से पुनर्जन्म हुआ, जिसमे एक बड़ा हिस्सा जी।डी।बिरला था।हालाँकि मालवीय जी आजीवन इसके अध्यक्ष रहे।

उच्च आदर्श और पत्रकारिता की नीतियों के प्रति लगाव मालवीय जी के वे मजबूत बिंदु थे जिन्हें उनके उस संपादक (उनके स्व्यं के पुत्र कृष्ण कांत) की खिचायी करने के तरीके से आसानी से देखा जा सकता है, जिसने विधवा पुनर्विवाह के खिलाफ एक संपादकीय निकाला था। बहुत ही दृढ़ता और मधुर सुगम्यता के साथ, उन्होंने कृष्ण कनाट को पत्र लिखा।

कल रात मैंने स्वप्न में अभ्युदय को आग में जलते हुए देखा। उससे कहीं अधिक दुःख मुझे आज का अभ्युदय पढ़ने के बाद हुआ। मेरे जीवित रहते हुए ऐसा लेख प्रकाशित करना जो मुझे समाज में दोषी बना दे और मुझे शर्मसार कर दे, यह ठीक नही है, अपने अन्दर के उत्साह को अपने तर्क और विवेक को खत्म करने की इजाजत मत दो। अपनी शालीनता का स्तर और सामाजिक मूल्यों के प्रति सम्मान बनाए रखो।

सनातन धर्म के सार को लोगों तक पहुँचाने के लिए मालबीय जी ने पंजाब के गणेश गुरु दत्त को संरक्षक नियुक्त किया, जिन्होंने 1993 में सनातन धर्म नामक साप्ताहिकी की शुरुआत की। कुछ परम्परावादियो ने सनातन धर्म की

आरंभिक प्रतियाँ जला दी परन्तु मालवीय जी इससे अधिक विचलित नही हुए और उन्होंने प्रकाशान जारी रखा। मालवीय जी ने महत्वपूर्ण सार्वजनिक मसलो पर अपने स्पष्ट विचार रखे और सरकार की धीमी समाज सुधार नीतियों की आलोचना की। उन्होंने सरकार की कार्यप्रणाली पर लोगो के विचारों को स्वच्छन्द रूप से सबके सामने रखा और राष्ट्र के शिक्षित वर्ग में राष्ट्रीय या प्रांतीय मसलों, सामाजिक राजनैतिक और धार्मिक मसलों के प्रति चेतना जगाने का प्रयत्न किया। उन्होंने समाचार पत्रों में साहित्यिक खंडों के प्रकाशन को भी प्रोत्साहन दिया। उन्होंने पत्रकारों के मध्य एक मजबूत पेशेवर भावना की नींव रखी।1908 में प्रेस एक्ट, जो प्रेस पर विभिन्न प्रकार के प्रतिबंध लगाने के लिए पारित किया गया था, का विरोध करने के लिए उन्होंने पहली बार ऑल इन्डिया एडीटर्स कांफ्रेंस का आयोजन किया।

इसके अलावा उन्होंने एक उर्दू दैनिक स्वराज के मुस्लिम सम्पादक का केस लड़ने के लिए आर्थिक सहायता भी की। द हिन्दोस्थान टाइम्स ने 13 नवंबर 1946 को मालवीय जी मृत्यु पर उन्हें श्रद्धांजलि अर्पित करते हुए लिखा उन्होंने पत्रकारिता के विकास में महत्वपूर्ण योगदान दिया, उन्होंने इलाहाबाद में लीडर और भारत की स्थापना और द हिन्दोस्थान टाइम्स की सेवा राष्ट्रीयता के मजबूत अंगों की तरह की। अपनी मृत्यु के समय वे इस समाचार पत्र के निर्देशक मंडली के अध्यक्ष थे। भारत की आर्थिक गुलामी की स्थिति पर उन्हें अपार दुःख था। औद्योगिक कमीसन के द्वारा तैयार की गयी रिपोर्ट जो देशवासियों को कृषि अर्थव्यवस्था पर निर्भरता के खतरों के प्रति जागरूक करने के लिए बनायी गयी थी,से वे बिलकुल सहमत नही थे। इस संबंद्ध में उनकी भवनों को उनके सेंट्रल असेंबली से बाहर जा कर शाही प्राथमिकताओं के प्रति विरोध दर्ज कराने से समझा जा सकता है।

6

विधिवेत्ता एवं समाज सुधारक की भूमिका में महामना

मालवीय जी के कांग्रेस में शामिल होने के बाद 1886 में कलकत्ता में आयोजित कांग्रेस अधिवेशन में उनके पहले भाषण ने और 1888 में इलाहाबाद के कांग्रेस अधिवेशन के दौरान उनकी संगठन क्षमता ने उन्हें ए ओ ह्यूम, गोपाल कृष्ण गोखालें, पंडित अजुधिया नाथ, सर सुंदर लाल और कलाकंकर के राजा रामपाल सिंह का प्रिय बना दिया। उन सभी को यह विश्वास था कि यह नौजवान कांग्रेस के लिए लाभकारी होगा और उसकी प्रगति में विशेष रूचि दिखायी।

उन्हें लगा कि वकालत उनके व्यक्तित्व और उनके कद को और विस्तृत कर देगी, जो उस वक्त का सबसे कुलीन पेशा था। उस वक्त के ज्यादातर कार्यकर्ता और कांग्रेसी वकील थे और सार्वजनिक जीवन का पेशा या पत्रकारिता कानून की जानकारी के बिना अधूरी थी इसलिए उन सभी ने उन्हें कानून कि पढायी करने के लिए उत्साहित किया।

मालवीय जी ने 1889 में कानून कि पढायी शुरू की और 1891 में एल एल बी पास कर ली। मालवीय जी ने 1891 में इलाहाबाद जिला न्यायालय में वकालत शुरू की और 1893 में इलाहाबाद उच्च न्यायालय में बहुत जल्दी ही

उन्होंने अपने पेशे में महारत हांसिल कर ली और उस वक्त के प्रमुख वकीलों के बीच प्रतिष्ठित हो गए।

उच्च न्यायालय में केवल दो वर्ष के कार्यकल के बाद ही 1895 में मालवीय जी द्वारा लड़े गए कई केस इंडियन लॉ रिपोर्टर में शामिल कर लिए गए। न्यायधीशो ने मालवीय जी की खुले तौर पर प्रशंसा की।

1912 में मालवीय जी दो अन्य प्रतिष्ठित वकीलों तैज बहादुर सपरुन और सतीश चंद्र बनर्जी के साथ एक केस(1910, संख्या 249,जिला मुरादाबाद) की पैरवी करने के लिए आये और उन्होंने इसे सर सुंदर लाल के खिलाफ जीता, जो उस वक्त इलाहाबाद उच्च न्यायालय में अत्यन्त सम्मानित और वरिष्ठ वकील थे, और मोतीलाल नेहरु के असिस्टेंट थे। न्यायधीश पी सी पीगट्ट ने कहा था" दोनों पक्षों के असाधारण योग्यता वाले वकीलों की सारिणी के तर्कों से कानून को अपना कार्य करने में सहायता मिली है, अगर मै स्वतंत्र रूप से कहूँ तो एक सही निष्कर्ष तक पहुंचने में सहायता की है।"

एक अन्य केस में मालवीय जी और सर सुंदर लाल विरोधी वकील थे, को उनके शानदार विधि अध्ययन और परिष्कृत तर्कों के लिए न्यायाधीशों द्वारा खूब सराहा गया। उन दोनों ने ही अपनी बातों के समर्थन में कई संस्कृत मातहतो को खड़ा किया था। शेरकोट की रानी का केस उनके जीवन में मील का पत्थर साबित हुआ, इसने उन्हें ख्याति और समृद्धि दोनों ही दिलायी।

इस केस के बाद वे इतने सक्षम हो गए कि उन्होंने अपने पुराने सभी कर्ज चुकता कर दिए और इलाहाबाद में अपने पुश्तैनी मकान का ईटों का प्रयोग करके भव्य तरीके से पुनर्निर्माण करवाया।

1893 से 1908 के मध्य उनकी वकालत अपने चरम पर थी, जब धीरे धीरे वे अपना ज्यादा समय बनारस हिंदू विश्वविद्यलय की स्थापना से संबंधित कार्यों में लगाने लगे।वकालत ने उनके बहुआयामी गुणों को और नीखार दिया। उनकी कर्त्व्यनिष्ठा, अथक परिश्रम, विषय प्रवीणता, शानदार याद्दाश्त, विश्लेशण क्षमता, युक्तियुक्त और तीक्ष्ण तर्क क्षमता, सशक्त दलीलों, अंग्रेजी भाषा पर विश्वसनीय पकड़, प्रभावशाली वाकपटुता, और एक रमणीय व्यक्तित्व्य, कुछ ऐसे गुण थे जिन्होंने उन्हें न केवल उनके व्यवसाय में बल्कि उनके जीवन के सफर में भी चिह्नित किया।

उनके वैधानिक जीवन के आरंभिक दिनों में किसी ने ए ओ ह्यूम से शिकायत की कि मालवीय जी वकालत में रूचि नही रखते।ए ओ ह्यूम ने उन्हें समझाया “मदन मोहन, भगवान ने आपको कानूनी दाँव पेंच के लिए आवश्यक कुशाग्र बुद्धी दी है, पूरे समर्पण के साथ अपने व्यवसाय को दस वर्ष तक समय दीजिये निश्चय ही आप सबसे आगे होंगे और इस देश और देशवासियों के लिए कुछ करने में समर्थ हो जायेंगे। “उनकी भविष्यवाणी सत्य साबित हुयीं और मालवीय जी के पास इतने मुवक्किल थे कि उन्हें खाने तक की फुर्सत नही मिलती थी। ये जानना काफी मनोरंजक है कि कभी कभी उन्हें न्यायालय जाने के दौरान रास्ते में कपड़े बदलने पडते थे। मालवीय जी ने अपनी वकालत को सार्वजनिक और राजनैतिक कार्यों को भी जारी रखा, दोनों में ही वे अत्यन्त व्यस्त रहते थे।

मदन मोहन का वकालत से संन्यास लेने का निर्णय पुर्वविमर्शित था और यह 31 दिसंबर 1905 को लिया गया था जब उन्होंने विश्वविद्यालय की स्थापना की अपनी महत्वाकांक्षी योजना को चुनिंदा कांग्रेस नेताओं और प्रतिष्ठित विद्वानों के सम्मुख विचारार्थ रखा था। इस प्रस्ताव के विस्तार से अचम्भित लोकमान्य तिलक ने मदन मोहन से पूछा क्या इस विशाल परियोजना को पूरा करने के लिए वे अपना पूरा जीवन समर्पित करने को तैयार है। 1 जनवरी 1906 को मालवीय जी ने अपने जीवन के सबसे बड़े सपने बनारस हिंदू विश्वविद्यालय की स्थापना के लिए वकालत छोड़ने की घोषणा कर दी। हालाँकि वे वास्तव में 1913 में सेवनिवृत्त हुए, जब उनकी वकालत सफलता कि पराकाष्ठा पर थी। उस वक्त मालवीय जी इलाहाबाद उच्च न्यायालय के चोटी के वकीलों में से एक थे।

अपनी वकालत से ढेरों पैसे अर्जित कर रहे थे। उनकी सेवानिवृत्ति ने उनके परिवार, मित्रों, सहकर्मियो और कांग्रेस सदस्यों सभी को अचंभे में डाल दिया। मालवीय जी की त्याग की बिरक्तता का अनुमान इसी से लगाया जा सकता है कि जब उन्होंने वकालत छोड़ी उन्हें भारी आर्थिक हानि हुई (जिसकी वर्तमान समय में कीमत 5 करोड़ रुपये होगी)। वे 52 वर्ष के थे और उनका 7 बच्चों का भरा पूरा परिवार था, वे सभी उन्हीं पर आश्रित थे।सबसे बड़ा बेटा जो 26 वर्ष का था,उसका जीवन भी अभी पूरी तरह से व्यवस्थित नही हो पाया था।

मालवीय जी के सेवानिवृत्ति के बारे में सुन कर गोखले ने कहा था कि मालवीय ने सच्चा त्याग किया है।वे एक गरीब परिवार से आए, उन्होंने अच्छी आजीविका कमाई, रईसी का जीवन जिया और फिर देशहित में सबकुछ त्याग दिया।

गाँधी जी ने उनके त्याग को देखते हुए कहा था कि "आज भी, जब वे अपनी लाख रुपये मासिक वेतन देने वाली वकालत को छोड़ रहे हैं तब भी वे निरंतर देश सेवा में लगे हुए हैं" राजश्री पुरुषोत्तम दास,जो एक ख्याति प्राप्त विधिवेत्ता थे ने मालवीय को यथोचित श्रद्धांजलि अर्पित करते हुए कहा कि "उन्होंने अपनी वकालत को उसी विशुद्धता और पवित्रता के साथ निभाया जैसे वे अपने व्यक्तिगत जीवन में करते थे। यह केवल वही व्यक्ति कर सकता है जिसे पैसे की चाह ना हो।

"(19 दिसंबर 1957 को संसद भवन में मालवीय जी के चित्र का अनावरण करते हुए)। मदन मोहन मालवीय जी की कार्यकाल चाहे वो एक पत्रकार के रूप में हो या इलाहाबाद उच्च न्यायालय के विधिवेत्ता के रूप में,दोनों ही एक मिशन जैसा था।उन्होंने इन दोनों ही व्यवसायो को मात्र अपनी आजीविका अर्जित करने के लिए ही नही अपनाया था उनका प्रथम उद्देश्य था ज्यादा से ज्यादा लोगो के लिए शिक्षा के अवसरों को बढाना ताकि आधुनिक भारत का निर्माण हो सके और उन्हें स्वतंत्रता के संघर्ष में शामिल किया जा सके। उन्होंने अपने मूल उद्देश्यों को बढ़ावा देने के लिए इन दो व्यावसायिक सीढ़ियों का इस्तेमाल बखूब ही किया।

और उन्होंने कभी भी अपने दोनो लक्ष्यों को पूरा करने में कठिनयी महसूस नही की और ना ही पत्रकारिता को त्यागने में कोई संकोच किया और ना ही अपनी वकालत छोड़ने में उन्हें कोई हिचकिचाहट हुई। सेवानिवृत्ति के बाद मालवीय जी केवल दो बार न्यायालय में उपस्थित हुए उन लोगों को न्याय दिलाने के लिए जो राजनैतिक रूप से पिछड़े हुए थे और सरकार की दमनकारी नीतियों का निशाना बने हुए थे।

'चौरी चौरा घटना'

गाँधी जी ने 7 फरवरी 1922 से सविनय अवज्ञा आंदोलन चलाने की घोषणा कर दी, जब तक उनकी माँगें ना मान ली जाएँ। मालवीय जी ने इसे

रोकने का हर संभव प्रयास किया लेकिन उन्हें इसमे सफलता नही मिली। 5फरवरी 1922 को बेकाबू भीड़, आंदोलन की मूल भावना को समझे बिना ही गोरखपुर के चोरी चौरा नामक स्थान पर पुलिस चौकी को आग के हवाले कर दिया जिसमे 22 पुलिस कर्मी जिंदा जाल गए। गोरखपुर न्यायालय में 225 लोगो को आग लगाने और पुलिस कर्मियों की मौत के लिए जिम्मेदार ठहराया और 170 लोगो को मृत्यु की सजा सुनायी गयी। मालवीय जी की न्याय के प्रति उत्त्कंठा ने उन्हें दोबारा न्यायालय आने और निर्दोष लोगो को सरकार के गलत आरोपों से बचाने के लिए प्रेरित किया। मालवीय जी ने चार दिन तक बहस की। मुख्य न्यायाधीश, जो केस के आरंभ में सख्त था उसने अंत में मालवीय जी को सम्मानजनक शब्दों से अलंकृत किया "आपने इस केस को हमारे सामने साफ साफ खोल कर रख दिया हम आपके अत्यन्त आभारी हैं। हमे लगाता है कोई और इसे इतनी काबिलियत से नहीं लड़ पाता" मुख्य न्यागाधीश के अनुमोदन से भी ज्यादा महत्वपूर्ण था अश्रुपूरित धन्यवाद जो 151 लोगो ने मालवीय जी को दिया जिन्हें उनकी दलीलों ने मौत के मुँह में जाने से बचा लिया।

'सिक्खो का समर्थन '

1920 में सिक्खों ने शिरोमनी गुरुद्वारा प्रबंधक कमेटि की स्थापना की, गुरुद्वारोन का नियंत्रण महंतों के हांथ से अपने हांथ में लेने के लिए 1920 में सिक्खों ने शिरोमनी गुरुद्वारा प्रबंधक कमेटी की स्थापना की, गुरुद्वारोन का नियंत्रण महंतों के हांथ से अपने हांथ में लेने के लिए। 1923 में जब नाभा के महाराजा की गद्दी चीन गयी तब सिक्ख समुदाय के लोग बहुत दुखी हुए उन्होंने नाभा में सत्याग्रह आंदोलन के लिए लोगो के जत्थे भेजे। उन लोगो को रोका गया, उन्हें जेल भेजा गया और उनके साथ बुरा व्यवहार किया गया। मालवीय जी ने कई निर्दोषो के लिए पैरवी की और उन्हें आजड़ करवाया।

अदालत में हिंदी को दिलाया मान

आजादी के बाद भारत में जनभाषा हिंदी को वह स्थान नहीं मिल सका जो अंग्रेजी शासन के दौरान महामना पं. मदन मोहन मालवीय ने उसे दिलाया था।

उन्होंने अंग्रेजी शासन में अंग्रेज न्यायाधीश के समक्ष हिंदी का पक्ष अंग्रेजी भाषा में रखा। मसला था हिंदी को कार्यालयीय और अदालती भाषा बनाने का।

महामना के प्रयास के पहले देश में कोई भी सरकारी पत्र हिंदी में नहीं लिखा जाता था। पत्र सिर्फ अंग्रेजी में ही स्वीकार होते और उनपर कार्रवाई होती। अदालत व सरकारी कार्यालयों में अंग्रेजी किले को ढहाने के लिए महामना ने 15 अप्रैल सन 1919 में इलाहाबाद के न्यायालय में हिंदी को कार्यालयीय एवं अदालती भाषा बनाने के लिए जमकर बहस की।

इसी की याद में दक्षिण भारत के कुछ संस्थान प्रतिवर्ष 15 अप्रैल को प्रयोजन मूलक हिंदी दिवस मनाते हैं। उनका मानना है कि महामना ने हिंदी को रोजगारपरक भाषा बनाया है। सरकारी कार्यालयों में हिंदी में पत्र लिखने पर लोगों के काम हो जाने लगे। इसके लिए हिंदी के जानकार बेरोजगारों को हिंदी टाइपिंग व इसके जवाब से संबंधित पद का सृजन होने लगा। उनकी पहल के बाद कार्यालयों में हिंदी अधिकारी नियुक्त होने लगे।

काली पोशाक पहनने से कर दिया था इंकार

इस बहस की खास बात यह थी कि महामना ने अदालत में श्वेत वस्त्र धारण किया था। उन्होंने अदालत की काली पोशाक पहनने से मना कर दिया था। उनकी बहस से अंग्रेजी न्यायाधीश बहुत प्रभावित हुए और देवनागरी लिपि में लिखित हिंदी को सरकारी कार्यालय एवं अदालत की भाषा के रूप में स्वीकृति दे दी।

हिंदी के प्रति महामना की संवदेनशीलता और संघर्ष के बाद भी आजाद भारत में आज हिंदी जस की तस पड़ी हुई है। उनके बाद कोई दूसरा महामना नहीं हुआ जो हिंदी को देश में बाध्यकारी भाषा बना दे।

समाज सुधारक के रूप में पंडित जी

मालवीय जी का यदि जीवनचित्रण करना हो तो विलियम वर्ड्सवर्थ द्वारा रचित पात्र प्रसन्न योद्धा इसके लिए सबसे अच्छा उदाहरण होगा,जो कठिन परीक्षा कि घड़ी में भी अपने निश्चय पर अटल रहता है और पूरी दृढ़ता से संकट का समाना करता है,परन्तु उसका ह्रदय इतना कोमल है कि जितना वह दुःख को समझ सकता है उतना और कोई नहीं।

मालवीय जी का जीवन असंख्य सामाजिक आंदोलनों और समाज के प्रति प्रतिबद्धताओं से परिपूर्ण था, जिसने उनके अन्दर के प्रसन्न योद्धा को परखा और प्रमाणित कर दिया। उन्होंने विभिन्न सामाजिक सेवाओं को समर्पित करते हुए सौ से भी अधिक संस्थाओं और संगठनों का निर्माण किया। मालवीय जी की व्यापक सहानुभूति ने उन्हें विभिन्न सामाजिक गतिविधियों कि ओर आकर्षित किया। काम करने कि उनकी विशिष्टता के कारण उन्होंने जीवन के जिस भी पहलू को छुआ उस पर अपनी अमिट छाप छोड़ दी।

कष्ट के प्रति उनकी संवेदनशीलता और शब्दों में सन्वेदना कि अभिव्यक्ति सभी कुछ नैसर्गिक था। मुख्यतः यह इसलिए संभव हो पाया क्योंकि मालवीय जी ये मानते थे कि दुःख और कष्ट सार्वभौम है और उस कष्ट में मदद पहुँचने में कोई विभेद नही किया जाना चाहिए। वे विद्वेष,घृणा और दुर्भावना से रहित थे और सभी के प्रति अपनी समान भलमानसाहत,शिष्टाचार और सभ्याचार के लिए जाने जाते थे। यहाँ कुछ ऐसे उद्धरण वर्णित है जो उनकी सन्वेदनशीलता और मिठास का उनके कार्यों और दृष्टिकोण के साथ मेल दिखता है।

सामाजिक कार्य

सामाजिक कार्य कि शुरुआत मालवीय जी के जीवन के बहुत ही प्रारम्भिक दिनों में हो गयी थी,1889 में युवावस्था में उन्होंने भारती भवन ग्रंथालय की स्थापना की जो वर्तमान समय में भी इलाहाबाद निवासियों को सेवाएं प्रदान कर रही है। मालवीय जी आजीवन इसके अधिकारी मंडल के अध्यक्ष रहे और वे इस स्मारक के उत्साही समर्थक थे, जो संस्कृति का घर समझा जाता था।

इलाहाबाद का मैक डोनेल हिंदू बोर्डिंग,जिसमे 230 छात्रों के रहने की सुविधा,यह दूर-दराज से विद्यार्जन के लिए आने वाले विद्यार्थियों के लिए रहने की अच्छी सुविधा और पढ़ने के उचित माहौल की कमी को दूर करने के लिए उनके सहानुभूतिपूर्ण अनुक्रिया का परिणाम था। मिंटो पार्क मालवीय जी द्वारा बनवाया गया एक अन्य स्मारक था, जो वर्तमान समय में "मदन मोहन मालवीय पार्क" के नाम से जाना जाता है।

1912 में मालवीय जी ने अपने पुत्र रमाकांत को यात्री सेवा समिति शुरू करने के लिए प्रोत्साहित किया,जिसे बाद में प्रयाग सेवा समिति कहा जाने लगा।

इसका मुख्य उद्देश्य था पूरे वर्ष प्रयाग आने वाले अशिक्षित और असहाय तीर्थयात्रियों को सहायता पहुंचाना था। इसका दूसरा उद्देश्य उन लोगों को सहायता पहुंचाना था जो प्राकृतिक आपदाओ(बाढ, सूखा और भूकंप) से पीडति लोगों को सहायता पहुँचना था इस समिति ने 1919 में हुए जलियाँवाला बाग हत्याकांड के भुक्तभोगियों को भी सहायता पहुंचायी थी

मालवीय जी ने अखिल भारतीय सेवा समिति की सभा की अध्यक्षता करते हुए स्वयंसेवकों को जाति और स्तर का भेदभाव भुलाकर, सभी के लिए सच्ची सेवा भावना से काम करने के लिए प्रेरित किया,देश के लोगों में युवावस्था से ही सेवा भावना का प्रसार करने के उद्देश्य से ही उन्होंने 1918 में प्रयाग सेवा समिति के अंतर्गत बॉय स्काउट यूनिट की शुरुआत की।

उपर्युक्त सभी उदाहरण मालवीय जी की विभिन्न सामाजिक समस्याओं के प्रति उनकी गहरी संवेदनशीलता को दर्शाते हैं और यह भी बताते हैं कि उन समस्याओं का निवारण करने के लिए उन्होंने क्या-क्या कदम उठाये

दलित वर्ग और मालवीय जी के अंतःकरण की आवाज

मालवीय जी ने दलित वर्ग के उत्थान का का प्रयास, किसी राजनीतिक भावना से प्रेरित हो कर नहीं किया, बल्कि उनकी अपनी अंतर्रात्मा की पुकार और और दृढ़ विश्वास का परिणाम था। इस समस्या का मुख्य पहलू था समाज के एक बड़े हिंदू वर्ग की वर्षों पुरानी कट्टरपंथी और कठोर सोच को बदलना। 1922 के बाद उन्होंने महासभा की गोष्ठियों का इस्तेमाल अस्पृश्यता को भारतीय समाज की एक विचारणीय समस्या के रूप में सामने लाने के लिए किया। उन्होंने पंडितों के साथ बहस करने से लेकर,धर्मग्रंथों में से सटिक सन्दर्भ प्रस्तुत करने और अन्य संस्कृत ग्रंथों का उपयोग करके यह सिद्ध करने में कोई कसर नही छोड़ी कि, अस्पृश्यता का कहीं भी रीति के रूप में वर्णित नहीं है

उन्होंने यह भी सिद्ध किया कि पुरातन समय में दलित लोग भी अपने सद्चरित्र और कुलीन जीवन के बल पर उच्च वर्ग के लोगों के शिक्षक और गुरु रहे थे। यद्यपि वे इस घृणित और अमानवीय सामाजिक कुरीति को खत्म करना चाहते थे, साथ ही वे जानना चाहते थे कि क्यों इस निचले तबके को पानी, शिक्षा ,सामाजिक सम्मान और मंदिरों में प्रवेश जैसे अधिकारों और सुविधाओं से वंचित रखा जाता है? वे अपनी दलीलों को आम जनता तक ले कर आए और इसके

लिए उन्होंने राजनीतिक मंचों का खूब इस्तेमाल किया। सनातन धर्म के एक लेख में "उन्होंने लिखा था कि", अछूत(अस्पृश्य लोग) सनातन धर्म का एक हिस्सा हैं। जीवन में आगे बढ़ने में उनकी सहायता करना, उनकी गरीबी और दयनीय स्थिति को दूर करने का प्रयास करना, उन्हें सामान्य और आध्यात्मिक शिक्षा का अधिकार देना,समाज के अन्य तबकों कि तरह उन्हें सुरक्षा प्रदान करना और उन्हें समान भाव से देखना हम सब का कर्तव्य है।

डॉ राधाकृष्णन ने 1927 में मालवीय जी की बंग्लुरु में आयोजित सभा को याद करते हुए कहते हैं कि, "मालवीय जी ने वहां उपस्थित लोगों से अपील की कि वे दलितों के उत्थान के लिए आगे आयें। इस जटिल समस्या पर अपने विचार व्यक्त करते हुए उन्होंने अपने इस प्रयास में पंडितों को भी सहयोग करने के लिए आमंत्रित किया।"

मालवीय जी संस्कृत की एक कहावत कहते थे,जिसका अर्थ है, जो कार्य या व्यवहार आपको अपने लिए उचित ना लगे उसे दूसरे के साथ भी ना होने दें। मालवीय जी ने सनातन धर्म के अग्रणी नेताओं को दलितों कि स्थिति सुधारने हेतु अधिक-से-अधिक काम करने पर बल दिया। 29 जुलाई 1934 को बनारस में महात्मा गाँधी कि हरिजन यात्रा की समाप्ति पर सेंट्रल हिंदू स्कूल के मैदान में सभा का आयोजन किया गया। मालवीय जी ने इस सभा में भी दलितों के लिए समान नागरिक और धार्मिक अधिकारों की वकालत की और पंडित देवनायकाचार्य, रूढ़िवादी जनता और अन्य वक्ताओं को इसके लिए राजी कराने के लिए उन्होंने धर्मग्रंथों के कुछ अंशों का प्रयोग किया और कहा "मैं यह समझने में असमर्थ हूँ कि कौन सा धर्म आप सब को, करोड़ों हिन्दुओं को धार्मिक अधिकार देने और मन्दिर में प्रवेश करने से रोकने को बाध्य कर रहा है। यह वही काशी है जहाँ भगवान शिव, शंकराचार्य को सभी जीवों की एकात्मक्ता का पाठ पढ़ाने के लिए, चांडाल के वेश में आए थे। तो फिर इस शहर के महान पंडित और गणमान्य लोग ऐसी अधर्म की बात कैसे कह सकते हैं। 1938 में हरिद्वार में लगे कुंभ मेले में अस्पृश्यता के मसले पर शंकराचार्य से बहस भी की थी

दलित वर्ग की शिक्षा एवं मालवीय जी

मालवीय जी की दलित और गरीब वर्ग को शिक्षित करने कि उत्कट इच्छा थी। इस दिशा में उनका कार्य 1909 में शुरू हुआ जब उन्होंने शिक्षा

कि आवश्यकता पर जोर दिया। और जब हिंदू विश्वविद्यालय की स्थापना हुई, उन्होंने कई गरीबों,पिछड़ें वर्ग और जरूरतमंद लोगों को वहां अच्छी शिक्षा प्राप्त करने में खुले हृदय से सहायता की। उनके इस सद्कार्य के कुछ उद्धरण तब प्रकाश में आए जब समाज में उच्च स्थान प्राप्त कर चुके लाभार्थियों ने उनके योगदान के बारे में बताया इसमें सबसे ज्यादा उल्लेखनीय है 1925 में जगजीवन राम को, धर्म प्रकाश को प्रोत्साहन, जो बाद में एम. पी. बने और कांग्रेस के भूतपूर्व मंत्री गिरधर लाल को भी शामिल करना उचित होगा। जब धर्म प्रकाश ने कहा कि मालवीय जी ने सौ से भी ज्यादा हरिजन लोगो को शिक्षा प्राप्त करने में आर्थिक मदद की। तब गिरधर लाल ने भी उसे स्वीकार करते हुए कहा कि 'ष'आज एक बड़ी संख्या में हरिजन शिक्षा के लिए मालवीय जी के ऋणी हैं। मालवीय जी के शिक्षा मन्दिर में अस्पृश्यता का नमो निशान नहीं था उनके करुणामय हृदय में भेद भाव के लिए कोई स्थान नही था''।

सन् 1925 में मालवीय जी महासभा कांफ्रेंस में शामिल होने के लिए पटना गए हुए थे और वहाँ से लौटते हुए आरा में उन्होंने एक विशाल जन समूह को संबोधित किया। संबोधन खत्म करने के बाद जब वे अपनी कार से रवाना होने जा रहे थे कोई एक नवयुवक को लेकर उनके समीप आया और बोला इसने मैट्रिक पास कर ली है परन्तु आगे की शिक्षा प्राप्त करने में दिक्कतें आ रही हैं,मालवीय जी ने तुरंत कहा "कृपया इसे लेकर विश्वविद्यालय आइये। हमारे बेटे गोविन्द के साथ पढ़ने दीजिये।" वह युवक थे बाबू जगजीवन राम।

विश्वविद्यालय में उनका दाखिला,रहने की व्यवस्था, छात्रावास एवं पढ़ाई का शुल्क ये सब तो कुलपति के अधिकार से उन्होंने कर दिया परन्तु इन सब में सबसे महत्वपूर्ण था उनका जगजीवन राम को अपने बेटे के साथ पढ़ने के लिए बुलाना। यह मालवीय जी की दयाशीलता का अन्यतम उदाहरण था। जगजीवन राम पहले कई वर्षो तक सेंट्रल कैबिनेट के मंत्री रहे और बाद में आगे चल कर वे भारत के सहायक प्रधानमंत्री (डेप्यूटी प्राइम मिनिस्टर) भी बने

स्त्रियों का उद्धार

मालवीय जी के सामाजिक कार्य के क्षेत्र में स्त्री उत्थान भी था। 1918 कांग्रेस महासभा में अपने भाषण में उन्होंने कहा था "स्त्रियों को देश और देश

के कल्याण के लिए कार्य करना चाहिये। जब तक वे आगे नही आयेंगी, देश तरक्की नहीं कर सकता" उनका विश्वास था कि स्त्री शिक्षा एक अच्छे परिवार और समाज दोनों के निर्माण के लिए अत्यन्त आवश्यक है। इसी सम्बन्ध में 1929 के काशी हिंदू विश्वविद्यालय के दिक्षांत समारोह में अपने भाषण में उन्होंने एक बार फिर से स्त्री के लिए उच्च शिक्षा को महत्वपूर्ण बताया।

उत्तर भारत में स्त्रियों के प्रति दकियानूसी विचारधारा को देखते हुए 1928 में उन्होंने विश्वविद्यालय परिसर में ही महिला कालेज की स्थापना की, जहाँ विभिन्न विषयों (काला,मानविकि और विज्ञान) से स्नातक कराने की व्यवस्था थी। उन्होंने स्त्रियों को स्नातक के बाद भी आगे शिक्षा ग्रहण करने के लिए प्रेरित किया। वे बाल विवाह के विरुद्ध थे किन्तु विधवा विवाह के प्रबल समर्थक थे।

इन सब के अलावा वे मानते थे कि स्त्री के साथ समाज में पूरे सम्मान का व्यवहार होना चाहिये। मालवीय जी स्त्रियों को कष्ट में देखकर विचलित हो जाते थे। एक बार अमृतसर में मुस्लिम महिलाओं का प्रतिनिधि-मंडल बुर्खा पहन कर उनसे मिलने आया और उन सबने अपनी व्यथा महामना को सुनायी,उनके पतियों को हिंदुओं को लूटने और उनकी हत्या करने का दोषी पाया गया था, इसलिए उनका समाज में शान्ति से रहना मुहाल हो गया था। मालवीय जी ने स्थानीय हिंदू नेताओं के विरुद्ध जा कर उनकी आर्थिक सहायता करने का निश्च्य किया उनका मानना था कि "पति के जुर्म के लिए पत्नियों को सजा क्यूँ दी जाए?"

1930 में आर्थर रोड जेल (मुंबई) से बाहर आने पर उन्होंने महिलाओं के एक विशाल समूह को संबोधित किया। उन्होंने उन्हें निडर, निर्भय बनने और आंत्मरक्षा करने में सक्षम होने के लिए प्रोत्साहित किया

गिरमिटीया मजदूर

मालवीय जी कि सहानुभूति केवल भारत में रह रहे लोग तक ही सीमित नहीं थी बल्कि इसका विस्तार बाहर रह रहे भारतीयों तक हो चुका था। उनका विशेष ध्यान भारत से बाहर ब्रिटिश औपनिवेशिक बस्तियों में काम कर रहे गिरमिटिया मजदूरों कि निरंतर खराब दशा की ओर था। उन्होंने काउंसिल में इसके बारे में खुले तौर पर कहा कि "इस व्यवस्था ने

75 वर्षों में पर्याप्त नैतिक कष्ट दिया है। हम उस तिरस्कार और दर्द का अंदाजा भी नही लगा सकते जो हमारे भाईयों और बहनों ने इस व्यवस्था का शिकार हो कर, अपनी आत्मा पर महसूस किया है, अब समय आ गया है कि इसे खत्म कर दिया जाए।"

रोजगार

मालवीय जी एन.डब्लू.पी. के सरकारी दफ्तरों और न्यायालयों में हिन्दी भाषियों के लिए रोजगार के अवसरों की कमी के लिए भी चिंतित थे। 1880 के दौरान और पहले,न्यायालयों की भाषा उर्दू और फारसी हुआ करती थी,जो एक बड़े हिंदू वर्ग के समझ के बाहर थी। 1887 में सरकार ने सरकारी नौकरी पाने के इच्छुक लोगों के लिए उर्दू या फारसी का ज्ञान होना अनिवार्य कर दिया। इस आदेश ने एक बड़े समूह को नौकरी के अवसरों से वंचित कर दिया और अदालत में अपील करने और आदेश समझने में दिक्कतें आने लगी इस दिशा में नागरी प्रचारणी सभा ने 1884 में प्रयास किया था।

1895 में काशी ने देवनागरी को कानूनी मसलो में इस्तेमाल करने का प्रयास किया लेकिन वो असफल रहा। मालवीय जी ने इस विषय पर गहन अध्ययन किया और पर्याप्त मात्रा में आँकड़े और अभिमत इकट्ठा कर लिए। अंततः 1897 में उन्होंने 100 पन्नों का एक ज्ञापन तैयार किया और सरकार को सौंपा।

1899 में डॉ सुंदर लाल और अयोध्या के राजा, मंदुआंद अवध के साथ उन्होंने, तेज बुखार होते हुए भी, दो घंटे तक इलाहाबाद उच्च न्यायालय में ज्ञापन प्रस्तुत किया। अंततः उन्होंने यह लड़ाई जीत ली जब अप्रैल 1900 में सरकार ने देवनागरी को भी उर्दू और फारसी के साथ न्यायालय की भाषा होने का आदेश जारी किया। मालवीय जी को अपने इस प्रयास में ज्ञापन तैयार करने के लिए कुछ वर्षो तक खुद की वकालत का परित्याग करना पडा, उन्होंने फारसी भाषा इस्तेमाल करने में आने वाली समस्याओं और विभ्रंत्तियों को दिखाया, उन्होंने देवनागरी से इसकी तुलना और इसके कारण बड़ी संख्या में हिन्दी भाषियों के लिए रोजगार के अवसरों में कमी से इस केस को मजबूत किया और सफलता अर्जित की। मालवीय जी ने हिन्दी के विकास को भी समर्थन दिया और तीन बार हिन्दी साहित्य सम्मेलन में अध्यक्ष भी बने।

मालवीय जी ने अपने देश के लोगों को सेना में उच्च पदों पर भर्ती करने के लिए कई बार असेम्बती और काउंसिल में आवाज उठाई। रोजगार से हटकर यह उनके विश्वयुद्ध के दौरान प्रदान की गयी शूरवीर और निर्भीक सेवाओं के लिए सम्मान स्वरूप अधिक आवश्यक था। हिंदू विश्वविद्यालय उनके सामाजिक सेवाओ का केन्द्र बिन्दु था। जिसका उद्देश्य था एक ऐसे आधुनिक भारत का निर्माण जो आर्थिक रूप से सुदृढ़ हो और गरीब लोगों के लिए रोजगार के अवसर उत्पन्न कर सकता हो।

धर्म

मालवीय जी धार्मिक रूप से परंपरावादी वातावरण में जन्मे और पले बढे थे, जो सनातन धर्म के मुल्यों से परिपूर्ण था अपने छात्र जीवन में उन्हें श्रीमद्भग्वतगीता,भागवत,महाभारत, रामायण और ऐसी ही कई अन्य धार्मिक ग्रंथों और संतों के भक्तिरस वाले भजन आदि सुनने और पढ्ने का पर्याप्त अवसर मिला। सात वर्ष की अवस्था में कुंभ मेले में तीर्थ यात्रियों को प्रवचन,मिर्जापुर में अपने चाचा के घर पर बड़े बड़े विद्वानों के समक्ष धार्मिक विषयों पर वाकपटुता और स्पष्ट व्याख्या, धार्मिक विषयों में उनकी गहरी पैठ के कुछ आश्चर्यजनक किस्से हैं।

ऐसा कोई मंच या सम्मेलन नही था जहाँ उन्होंने हिंदू धर्म और आदर्शों की बात न की हो। अपने छात्र जीवन में भी वे संस्कृत से एमए करना चाहते थे और नियमित कथावाचक बनना चाहते थे। जब वे जेल में थे उन्होंने गांधीजी को भी गीता पर उपदेश दिया था। उन्होंने विश्वविद्यालय में विद्यार्थियों के लिए भी हर साप्ताहिक गीता प्रवचन की व्यवस्था की थी। उन्हें दलितों के उथान के लिए प्रयास के दौरान काशी और कल्कत्ता के पारम्परिक पंडितों के साथ बहस करनी पड़ी थी, जिसमें उन्होंने धर्मग्रंथों से कई ऐसे अंश प्रस्तुत किए थे जिससे यह स्पष्ट हो गया कि शास्त्रों में कहीं भी अस्पृश्यता का उल्लेख नही है, यह कहीं भी नही लिखा है कि दलितों को सामाजिक सुविधाओं से वंचित रखा जाए।

मालवीय जी सनातन धर्म के आदर्शो के प्रचार के लिए कई संस्थाओं जुड़े। वे हिंदू समाज(1880) और मध्य हिंदु समाज (1885) में सक्रिय थे। उन्होंने दीन दयाल शर्मा के साथ मिलकर 187 में गो वर्णाश्रम हितैषी गंगा धर्म सभा की

स्थापना की ,जो बाद में भारत धर्म महामंडल के नाम से जाना गया। 1906 में वे सनातन धर्मसभा के प्रयाग शाखा के अध्यक्ष बने और सभा द्वारा हरिद्वार में स्थापित ऋषिकुल ब्रह्मचर्य आश्रम के वे दस वर्षों तक के ट्रस्टी भी रहे। उन्होंने 1924 और 1928 में धर्म सभा की अध्यक्षता भी की मालवीय जी ने सभा की कई अन्य शाखाओं का दौरा भी किया, मुख्यतः पंजाब की प्रांतीय सभा का,और उन्हें अस्पृश्यता को हटाने के लिए प्रेरित किया। उन्होंने जीवन के हर कदम पर धर्म के सभी आदर्शो का पालन पूरी निष्ठा के साथ किया चाहे वो घर में हो या विश्व के किसी और कोने में।

इस प्रकार धर्म और ईमानदारी का जीवन उनके लिए बहुत सहज था।सक्रिय जीवन की दौड़ धूप और मानसिक अशांति के बाद भी उन्होंने अपने अन्दर की शांतचित्तता और दार्शनिक्ता को बनाए रखा। मालवीय जी सनातन धर्म का मनुष्यगुणारोप थे।1962 में विश्वविद्यालय द्वारा उनके उत्कृष्ट उपदेशों में से कुछ प्रकाशित किए गए थे। किसी भी विषय पर लिखे गए उनके लेख भी उनकी ज्ञान की गहनता और अनुभव परिलक्षित होती है। धर्म का आविर्भाव श्रुतियों (वेद उपनिषद)में हुआ,इसमे स्मृतियाँ(महीकाव्य, धर्मशास्त्र) शामिल की गयी, इसका पारम्परिक दार्शनिक, विचारधारा और परंपराओं के द्वारा परीक्षण किया गया। वह् सिद्धांत जो व्यक्ति, समाज, देश, दुनिया और ब्राम्हांड के कल्याण के लिए हो वही धर्म है। धर्म सार्वभौम है,इसके उपदेश किसी भी व्यक्ति समूह के लिए और उद्देश्य के लिए हमेशा समान रहे हैं(धर्म देश,कल,समय,उद्देश्य और स्थान के कारण कभी भी परिवर्तित नहीं होता) मालवीय जी सनातन धर्म के उपदेशों और उनके महत्व को कहानियों,भाषणों और लेखों के द्वारा समझाया। जब कोई उपदेशों में विश्वास करता है, और उसपर अटल विश्वास कायम कर लेता है और अपनी दैनिक जीवन में उसका अनुभव करता है,तब वहाँ किसी भी अन्य जीव को कष्ट या हानि पहुँचाने की जगह ही नही बचती।

तब वहाँ एक दूसरे के साथ झगड़े या क्लेष की वजह नही होती। वहाँ सदैव सुख-शांति और प्रसन्नता विद्यमान रहती है,इसमे मानव कल्याण की भावना निहित होती है। उस व्यक्ति का मन और हृदय दया से भर जाता है, जब भी कोई कष्ट या मुसीबत में होता है,या उसके साथ जन्म के आधार पर बुरा व्यवहार किया जाता है।

धीरे-धीरे शक्तिशाली और तथाकथित उच्च-वर्ग में जन्मे लोगों को सच्चाई का एहसास हो जाएगा और दया कि भावना उन्हें सबको अपना भाई मानने पर

मजबूर कर देगी। यही संतान धर्म का पालन करने कि आदर्श स्थिति होगी ।सुधार तभी लाया जा सकता है जब हम अपना मन परिवर्तित करें।

जवाहर लाल नेहरु ने एक बार कहा था मालवीय जी का ध्यान हमेशा कुछ ना कुछ नया और रचनात्मक करने की ओर लगा रहता था,उन्होंने ना केवल संस्थाओं का निर्माण किया बल्कि भारत के लोगों का भी निर्माण किया ।मालवीय जी हर इंसान को आदर्शों से युक्त बनाना चाहते थे,ताकि वो अपने जीवन में एक जिम्मेदार इंसान, सामाजिक प्राणी और अच्छा नागरिक बन सके। अनगिनत अवसरों पर मालवीय जी ने विश्वविद्यालय में विद्यार्थियों को अपने ईश्वर और धर्म के प्रति निष्ठावान होने कि प्रेरणा दी थी ।उनके लिए धर्म के बीना जीवन एक खाली घड़े के समान था, बिना बीज के केवल छिलके का ढेर।

धर्म की ओर आधुनिक युवाओं की अरुचि से वे सदैव दुखी रहते थे ।वे विद्यार्थियों को साप्ताहिक गीता उपदेश के द्वारा धर्म के आदर्शो को समझना चाहते थे। उन्हें प्रेरित करने के लिए वे जब भी बनारस में होते, रविवार के 'गीता' प्रवचन में उपस्थित रहते थे और गीता पर उपदेश दिया करते थे।

7

प्रेरक प्रसंग

बात उन दिनों की है जब महामना मदन मोहन मालवीय ने काशी हिन्दू विश्वविद्यालय की स्थापना कुछ ही समय पहले की थी। कभी-कभी प्राध्यापक उद्दंड छात्रों को उनकी गलतियों के लिए आर्थिक दंड दे दिया करते थे, मगर छात्र उस दंड को माफ कराने मालवीय जी के पास पहुँच जाते और महामना उसे माफ भी कर देते थे। यह बात शिक्षकों को अच्छी नहीं लगी और वह मालवीय जी के पास जाकर बोले, 'महामना, आप उद्दंड छात्रों का आर्थिक दंड माफकर उनका मनोबल बढ़ा रहे हैं। इससे उनमें अनुशासनहीनता बढ़ती है। इससे बुराई को बढ़ावा मिलता है। आप अनुशासन बनाए रखने के लिए उनके दंड माफ न करें।'

मालवीय जी ने शिक्षकों की बातें ध्यान से सुनीं फिर बोले, 'मित्रो, जब मैं प्रथम वर्ष का छात्र था तो एक दिन गंदे कपड़े पहनने के कारण मुझ पर छह पैसे का अर्थ दंड लगाया गया था। आप सोचिए, उन दिनों मुझ जैसे छात्रों के पास दो पैसे साबुन के लिए नहीं होते थे तो दंड देने के लिए छह पैसे कहाँ से लाता। इस दंड की पूर्ति किस प्रकार की, यह याद करते हुए मेरे हाथ स्वतः छात्रों के प्रार्थना पत्र पर क्षमा लिख देते हैं।' शिक्षक निरुत्तर हो गए।

भारत-भूमि पर समय-समय पर अनेक महान् विभूतियों ने जन्म लिया। इन महान् विभूतियों में पंडित मदन मोहन मालवीय भी एक ऐसे महापुरुष हुए, जिन्हें

लोग 'महामना मालवीय' के नाम से जानते हैं। पंडित महामना मदन मोहन मालवीय का जन्म भारत के उत्तरप्रदेश प्रान्त के प्रयाग में 25 दिसम्बर सन 1861 को एक साधारण परिवार में हुआ था। इनके पिता का नाम ब्रजनाथ और माता का नाम भूनादेवी था। चूँकि ये लोग मालवा के मूल निवासी थे अस्तु मालवीय कहलाए। महामना मालवीय जी मूर्धन्य राष्ट्रीय नेताओं में अग्रणी थे। जितनी श्रद्धा और आदर उनके लिए शिक्षित वर्ग में था। उतना ही जन साधारण में भी था। मालवीय जी की विद्वता असाधारण थी और वे अत्यन्त सुसंस्कृत व्यक्ति थे। विनम्रता एवम् शालीनता उनमें कूट-कूटकर भरी थी। वे अपने युग के सर्वश्रेष्ठ वक्ता थे। वे संस्कृत, हिंदी तथा अंग्रेजी तीनों ही भाषाओं में निष्णात थे। महामना जी का जीवन विद्यार्थियों के लिए एक महान प्रेरणा स्रोत था। उनके स्तर के किसी अन्य नेता के पास जनसाधारण की पहुँच उतनी सरल नहीं थी, जितनी मालवीय जी के पास। लोग उनके साथ इतने प्रेम से बात कर सकते थे मानों वे उनके पिता, बन्धु अथवा मित्र हों।

मालवीय जी ने सन् 1893 में कानून की परीक्षा उत्तीर्ण की थी और कई वर्षों तक वकालत भी की थी। वकालत के क्षेत्र में उनको बहुत ख्याति मिली। चौरी-चौरा कांड के 170 भारतीयों को फाँसी की सजा सुनाई गई थी, किंतु मालवीय जी के बुद्धि-कौशल ने अपनी योग्यता और तर्क के बल पर 151 लोगों को फाँसी से छुड़ा लिया। इस केस की ख्याति सारे देश में ही नहीं, अपितु सारे विश्व में फैल गई। केस की तैयारी के लिए वे सायं कुर्सी पर बैठ जाते थे और सैकड़ों पुस्तकों को पढ़कर अपने काम की सामग्री निकाल लेते थे। वे पूरी-पूरी रात जागकर केस की तैयारी करते थे। अंग्रेज जज भी उनकी तीक्ष्ण बुद्धि पर आश्चर्य प्रकट करते थे।

"वकालत के क्षेत्र में मालवीय जी की सबसे बड़ी सफलता चौरी-चौरा कांड के अभियुक्तों को फाँसी से बचा लेने की थी। राष्ट्र की सेवा के साथ ही साथ नवयुवकों के चरित्र-निर्माण के लिए और भारतीय संस्कृति की जीवंतता को बनाए रखने के लिए मालवीय जी ने काशी हिन्दू विश्वविद्यालय की स्थापना की।"

मालवीय जी भारत को हिंदू राष्ट्र स्वीकारते थे। अस्तु, यहाँ के निवासी हिंदू हैं। उनको अपने राष्ट्र को हिंदू राष्ट्र कहना चाहिए। न्याय और धर्म की बात यह है कि प्रत्येक देश तथा जाति के लोग अपने देश में स्वाधीन हों, अपने विचारों

को प्रकट करने में स्वतंत्र हों और वे अपने ऊपर स्वयं राज करें। सबको रोजी-रोटी मिले। अपने देश में अपने ऊपर स्वयं राज करें। पराधीनता की बात स्वप्न में भी नहीं सोचनी चाहिए। यदि इस्लाम धर्म के मानने वाले हिंदुओं के साथ हिल-मिलकर रहना चाहते हैं, तो उन्हें हिंदुओं के धर्म का आदर करना चाहिए।

गौ, गंगा व गायत्री मालवीय जी के प्राण थे। गंगा के लिए वे लगातार सक्रिय रहे। मालवीय जी ने सन् 1913 में हरिद्वार में बांध बनाने की अंग्रेजों की योजना का विरोध किया था। उनके दबाव में अंग्रेज सरकार को झुकना पड़ा था। तत्कालीन भारत सरकार ने महामना के साथ समझौता किया था। इस समझौते में गंगा को हिन्दुओं की अनुमति के बिना न बांधने व 40 प्रतिशत गंगा का पानी किसी भी स्थिति में प्रयाग तक पहुंचाने की शर्त शामिल थी। मालवीय जी ने काशी हिन्दू विश्वविद्यालय में बाकायदा एक बड़ी गौशाला बनवायी थी। इस गौशाला को देख-रेख के लिए विश्वविद्यालय के कृषि कालेज को सौंपा गया था। गंगा उन्हें इस कदर प्यारी थीं कि उन्होंने न सिर्फ गंगा के लिए बड़े आंदोलन किए वरन गंगा को विश्वविद्यालय के अन्दर भी ले गये थे, जिससे कि पूरा प्रांगण हमेशा पवित्र रहे।

उनकी अमरकृति काशी हिन्दू विश्वविद्यालय पौरस्त्य एवं पाश्चात्य, प्राचीन एवं आधुनिक समस्त विद्याओं की राजधानी ही नहीं, अपितु भारत की राष्ट्रीय चेतना एवं सांस्कृतिक पुनर्जागरण का भी प्रतीक रही है। काशी हिन्दू विश्वविद्यालय भारतीय स्वाधीनता संग्राम के युग में प्रेरणा एवं शक्ति के अजस्र स्रोत के रूप में भी अपनी भूमिका निभा चुका है।

महामना मालवीय जी ने शिक्षा के प्रसार और इसे नया स्वरूप प्रदान करने पर इतना बल इस कारण दिया, क्योंकि वह इसे सांस्कृतिक जागरण का प्रधान अंश मानते थे। उन्नीसवीं सदी के अंतिम दशकों में भारत में जो सांस्कृतिक पुनर्जागरण हो रहा था, मालवीय जी उससे प्रभावित हुए। उनकी वाणी में, विचारों में और मान्यताओं में उस सांस्कृतिक उत्थान की झलक मिलती है। जिससे उनके युग के अनेक राष्ट्रवादी अनुप्राणित हुए थे। वह भारत में चल रहे पुनरूत्थान का काल था, जिसमें यहाँ के राष्ट्रनेताओं ने भारतीयों में आत्मविश्वास और स्वाभिमान जगाने का कार्य किया। मालवीय जी के कार्यों ने भी आत्मविश्वास और स्वाभिमान जगाने का कार्य किया।

मालवीय जी के कार्यों के मूल परिकल्पना इसी प्रवृति से उपजी। उन्होंने विशेष रूप से भारत की सांस्कृतिक धरोहर की ओर देखा, उसके गौरवमय इतिहास से प्रेरणा ग्रहण की और भारतीय के प्रति अनुराग जगाने का सदैव कार्य किया। इसी दृष्टि से उन्होंने भारतीय भाषाओं को विकसित करने तथा संस्कृत के अधिकाधिक प्रयोग पर बल दिया।

मालवीय जी का विश्वास था कि राष्ट्र की उन्नति तभी संभव है, जब वहाँ के निवासी सुशिक्षित हों। बिना शिक्षा के मनुष्य पशुवत् माना जाता है। मालवीय जी नगर-नगर की गलियों तथा गाँवों में शिक्षा का प्रचार-प्रसार में जुटे थे। वे जानते थे की व्यक्ति अपने अधिकारों को तभी भली भाँति समझ सकता है, जब वह शिक्षित हो। संसार के जो राष्ट्र आज उन्नति के शिखर पर हैं, वे शिक्षा के कारण ही हैं।

मालवीय जी ने 4 फरवरी 1916 में काशी हिन्दू विश्वविद्यालय की स्थापना की। इस विश्वविद्यालय के निर्माण के लिए उन्होंने देश के कोने-कोने से धन-संग्रह किया। मालवीय जी सन् 1919 से 1939 तक इसके कुलपति रहे। शरीर की शिथिलता के कारण कठिन उत्तरदायित्व का निर्वहन करना उनके लिए दुष्कर हो रहा था। अन्ततः उन्होंने त्यागपत्र देने का निश्चय किया तथा विश्वविद्यालय कोर्ट ने उनका त्यागपत्र स्वीकार करते हुए डॉ. सर्वपल्ली राधाकृष्णन् को विधिवत कुलपति निर्वाचित किया। मालवीय जी को आजीवन रेक्टर नियुक्त किया गया।

अस्वस्थ होते हुए भी वे विद्यार्थियों की जितनी सहायता कर सकते थे। मालवीय जी करते रहते थे। वे नियमित रूप से प्रति सप्ताह रविवार को गीता प्रवचन में जाते थे पर वहाँ उसके प्रति विद्यार्थियों की पर्याप्त अभिरूचि न देखकर दुःखी होते थे। वे बहुधा शिवाजी हाल जाते, कसरती नवयुवकों के हृष्ट-पुष्ट शरीर को देखकर प्रसन्न होते, उन्हें आशीर्वाद देते थे।

ईश्वर भक्ति और देशभक्ति मालवीय जी के जीवन के दो मूल मंत्र थे। इन दोनों का उत्कृष्ट संश्लेषण, ईश्वर भक्ति का देशभक्ति में अवतरण तथा देशभक्ति की ईश्वर भक्ति में परिपक्वता उनके व्यक्तित्व का विशिष्ट सदगुण था। उनकी धारणा थी कि 'मनुष्य के पशुत्व को ईश्वरत्व में परिणत करना ही धर्म है। मनुष्यता का विकास ही ईश्वरत्व और ईश्वर है और निष्काम भाव से प्राणी मात्र की सेवा ही ईश्वर की सच्ची आराधना है।

महामना पंडित मदन मोहन मालवीय जी का विद्यार्थियों को उपदेश था।

सत्येन ब्रह्मचर्येण व्यायामेनाथ विद्यया।
देशभक्त्याऽत्यागेन सम्मानहर्रू सदाभव।।

अथार्त सत्य, ब्रह्मचर्य, व्यायाम, विद्या, देशभक्ति, आत्मत्याग द्वारा अपने समाज में सम्मान के योग बनों।

मालवीय जी विद्यार्थियों से यह भी कहा करते थे कि–

"विद्यार्थियों तुम ईश्वर का ज्ञान चाहते हो, तो अपने मन को पवित्र कर मेरी बातों को सुनो।"

जब महामना के आगे झुक गई अंग्रेजों की संगीनें

1924 के प्रयाग कुंभ मेला क्षेत्र में बांस बल्लियों को बांधकर बनाए गए अवरोधक और इसके एक तरफ ऑल इंडिया सेवा समिति के स्वयंसेवक और दूसरी ओर अंग्रेज सिपाहियों की संगीनें तनी थीं। एक आवाज के साथ ही सैंकड़ों युवक बेरीकेटिंग के पारकर गए। उन्हें न गोली का डर था, ना ही अंग्रेजों का डर। इस समय अंग्रेजों ने गंगा में स्नान पर प्रतिबंध लगाने की घोषणा की थी। महामना मदन मोहन मालवीय ने इस प्रतिबंध का जमकर विरोध किया था व अपने स्वयंसेवकों के साथ गंगा स्नान के लिए मेला क्षेत्र में डट गए थे। इस आंदोलन में पं. जवाहर लाल नेहरू भी शामिल हुए थे। गोली अब चली तब चली के माहौल में मालवीय के आह्वान पर बेरीकेटिंग के पार छलांग लगाने वालों में वह पहली पंक्ति में शामिल थे। मालवीय जी की पौत्र व हाई कोर्ट के पूर्व न्यायाधीश न्यायमूर्ति गिरधर मालवीय जी के अनुसार महामना का व्यक्तित्व ही ऐसा था। कोई उनसे प्रभावित हुए बिना रह नहीं सकता था। अंग्रेज भी उनसे खासे प्रभावित थे। यही वजह थी कि महामना द्वारा विरोध करने के साथ ही अंग्रेजों की बंदूकें झुक गई थीं। उनके अनुसार गंगा के लिए महामना लगातार सक्रिय रहे। उन्होंने 1913 में हरिद्वार में बांध बनाने की अंग्रेजों की योजना का विरोध किया था। उनके दबाव में अंग्रेज सरकार को झुकना पड़ा था। तत्कालीन भारत सरकार ने महामना के साथ समझौता किया था। इस समझौते में गंगा को हिन्दुओं की अनुमति के बिना न बांधने व 40 प्रतिशत गंगा का पानी किसी भी स्थिति में प्रयाग तक पहुँचाने की शर्त शामिल थी। न्यायमूर्ति पं. मालवीय के अनुसार यही वजह है कि आज गंगा में कुछ पानी हमें मिल जा रहा है।

पं. शशि मालवीय के अनुसार, महामना मदन मोहन मालवीय समिति के सचिव पं. शशि मालवीय के अनुसार गौ, गंगा व गायत्री महामना का प्राण थे। उन्होंने बनारस हिन्दू विश्वविद्यालय में बाकायदा एक बड़ी गौशाला बनवायी थी। इस गौशाला को देखरेख के लिए विश्वविद्यालय के कृषि कॉलेज को सौंपा गया था। गंगा उन्हें इस कदर प्यारी थीं कि उन्होंने न सिर्फ गंगा के लिए बड़े आंदोलन किए वरन गंगा को विश्वविद्यालय के अन्दर भी ले गए थे, जिससे कि पूरा प्रांगण हमेशा पवित्र रहे।

न्यायमूर्ति मालवीय के अनुसार महामना सही मायनों में आधुनिक भारत के निर्माणकर्ता थे। देश में इंजीनियरिंग, फार्मेसी आदि की पढ़ाई का कार्य महामना ने ही प्रारंभ किया था। काशी हिन्दू विश्वविद्यालय में देश में पहली बार इंजीनियरिंग की पढ़ाई शुरू हुई थी। दशकों तक देश में इंजीनियरिंग की डिग्री खासकर इलेक्ट्रिकल व मैकेनिकल की डिग्री बनारस इंजीनियरिंग कॉलेज के माध्यम से ही दी जाती रही है।

सनातन धर्मी छात्रों को शाकाहारी भोजन व रहने की व्यवस्था सुलभ कराने के लिए इलाहाबाद में हिन्दू छात्रावास (हिन्दू बोर्डिंग हाउस) की स्थापना, भारती भवन पुस्तकालय, दो अखबार प्रारंभ करने आदि के कार्य महामना ने किए थे। हिन्दू छात्रावास आज भी इलाहाबाद विश्वविद्यालय का सबसे बड़ा छात्रावास है। न्यायमूर्ति मालवीय के अनुसार महामना हिन्दी के प्रबल समर्थक थे। वह अंग्रेजी में बात करने को देशद्रोह मानते थे। महामना के अथक प्रयासों के फलस्वरूप ही तत्कालीन अंग्रेज सरकार ने 18 अप्रैल 1900 को आदेश जारी कर देवनागरी को सरकारी कार्यालयों व न्यायालयों में प्रयोग की अनुमति दी थी।

जब कोलकाता विश्वविद्यालय के उपकुलगुरु द्वारा दिए जाने वाले 'डॉक्टरेट' की पदवी को नम्रतापूक नकारना

'काशी हिंदू विश्वबियालय के संस्थापक पंडित मदन मोहन मालवीय हिंदू धर्म और संस्कृति के अनन्य पुजारी थे। उन्होंने अपना संपूर्ण जीवन भारत मां की सेवा में समर्पित किया था। जितने वे उदार, विनम्र, निराभिमानी एवं मृदू थे, उतने ही संयमी, दृढ़, स्वाभिमानी एवं अविचल योद्धा भी थे। उनके जीवन में हिंदू धर्म और संस्कृति का स्वाभिमान ठूसकर भरा हुआ था।

एक बार कोलकाता विश्वविद्यालयके उपकुलगुरु ने मालवीय जीके कार्य को देख प्रसन्न होकर उन्हें एक पत्र भेजा।

मालवीय जी (पत्र देखकर असमंजसमें पडते हुए मन ही मन कुछ बोले) रू यह तो विचित्र प्रस्ताव रखा है। क्या बताऊं ? क्या लिखू ?

एक मित्र : पंडितजी, ऐसा कौनसा विचित्र प्रस्ताव आपके सामने रखा गया है?

मालवीय जी : कोलकाता विश्वविद्याल के उपकुलगुरु महोदय मुझे मेरी सनातन पदवी छिनकर एक नयी पदवी प्रदान करना चाहते हैं। इस पत्रमें लिखा है कि कोलकाता विश्वविद्यालय आपको 'डाक्टरेट' पदवी से अलंकृत कर आपका सम्मान करना चाहता है।

एक सज्जन (हाथ जोडकर) : प्रस्ताव तो उचित ही है। आप ना मत कीजिए। यह तो वाराणसी की जनता के लिए विशेष गर्व की घटना है !

मालवीय जी : भाई, आप तो बहुत ही भोले हैं। इससे वाराणसी का गौरव नहीं बढेगा, अपितु यह तो वाराणसी के पांडित्यको अपमानित करने का प्रस्ताव है।

उन्होंने तुरंत पत्रका उत्तर भेजा, 'माननीय महोदय ! आपके प्रस्ताव के लिए धन्यवाद ! मेरे इस उत्तरको आपके प्रस्तावका अनादर न माने, अपितु आप उसपर पुनश्च एक बार विचार करें। आपका यह प्रस्ताव मुझे निरर्थक लगता है। मैं जन्म तथा कर्म से ब्राह्मण ही हूँ। जो ब्राह्मण धर्म की मर्यादाओं का पालन करते हुए जीवन व्यतीत करता है, उसके लिए 'पंडित'की उपाधि से बढ़कर दूसरी कोई भी पदवी श्रेष्ठ नहीं हो सकती। मुझे 'डॉक्टर मदन मोहन मालवीय' कहलवाने की अपेक्षा 'पंडित मदन मोहन मालवीय' कहलवाना अधिक प्रिय होगा। आशा करता हूं कि आप इस ब्राह्मण के मन की भावना का आदर करते हुए मुझे 'पंडित' ही रहने देंगे।'

जब व्हाईसराय द्वारा 'सर' उपाधि देने की इच्छा व्यक्त करने पर मना किया

मालवीय जी की कार्यशैली अत्यंत मधुर तथा सुलभ थी। उनकी सहायता करने की प्रवृत्ति तथा अन्य सद्गुणों के कारण विरोधक भी उनका सम्मान करते थे। मालवीय जी अपनी वृद्धावस्था में व्हॉईसरायकी परिषदके वरिष्ठ अधिकारी

(काउंसिलर) थेय तब उनके द्वारा रहस्यमय तथा तथ्यपूर्ण आलोचना करनेपर भी व्हॉईसरायने एक दिन उनसे कहा, ''पंडित मालवीय, हिज मॅजेस्टीका (अंग्रेज) सरकार आपको 'सर' इस उपाधि से सम्मानित करना चाहता है।''

मालवीय जी हंसते हुए बोले, ''आप मुझे इसके पात्र समझ रहे है, इसलिए आपको मनःपूर्वक धन्यवाद ! परंतु मैं परंपरागत मेरी 'सनातन' उपाधि का त्याग नहीं करना चाहता। मुझे 'पंडित'की उपाधि ईश्वर ने दी हुई है। मैं उसका त्यागकर ईश्वर के किसी सेवकद्वारा मिली उपाधि का स्वीकार क्यूं करुं?''

संदर्भ : मासिक 'ऋषीप्रसाद', डिसेंबर 2011

8

व्यक्तित्व एवं उपलब्धियाँ

अनेक महापुरुषों एवं विभूतियों ने भारतवर्ष को अपने श्रेष्ठ कार्यों एवं सद्व्यवहार से गौरवान्वित किया है। उन्ही में से एक महापुरुष, अपनी विद्वता, शालीनता, और विनम्रता की असाधारण छवी के कारण जन-जन के नायक थे। अंग्रेज जज तक उनकी तीव्र बुद्धि पर आश्चर्य प्रकट करते थे। अपने जीवन-काल में पत्रकारिता, वकालत, समाज-सुधार, मातृ-भाषा तथा भारतमाता की सेवा में अपना जीवन अर्पण करने वाले महामना, मदन मोहन मालवीय जी इस युग के आदर्श पुरुष थे। उनकी परिकल्पना ऐसे विद्यार्थियों को शिक्षित करके देश सेवा के लिए तैयार करने की थी, जो देश का मस्तक गौरव से ऊँचा कर सकें।

मालवीय जी ने सन् 1893 में कानून की परीक्षा उत्तीर्ण की थी। ''वकालत के क्षेत्र में मालवीय जी की सबसे बड़ी सफलता चौरी चौरा कांड के अभियुक्तों को फाँसी से बचा लेने की थी।। चौरी-चौरा कांड के 170 भारतीयों को फाँसी की सजा सुनाई गई थी, किंतु मालवीय जी के बुद्धि-कौशल ने अपनी योग्यता और तर्क के बल पर 151 लोगों को फाँसी से छुड़ा लिया था। देश में ही नहीं, अपितु सम्पूर्ण विश्व में इस अद्भुत केस की ख्याती फैल गई।

राष्ट्र की सेवा के साथ ही साथ नवयुवकों के चरित्र-निर्माण के लिए और भारतीय संस्कृति की जीवंतता को बनाए रखने के लिए मालवीय जी ने काशी

हिन्दू विश्वविद्यालय की स्थापना की।''मालवीय जी का विश्वास था कि राष्ट्र की उन्नति तभी संभव है, जब वहाँ के निवासी सुशिक्षित हों। बिना शिक्षा के मनुष्य पशुवत् माना जाता है। मालवीय जी नगर-नगर की गलियों तथा गाँवों में शिक्षा का प्रचार-प्रसार में जुटे थे। वे जानते थे की व्यक्ति अपने अधिकारों को तभी भली भाँति समझ सकता है, जब वह शिक्षित हो। संसार के जो राष्ट्र आज उन्नति के शिखर पर हैं, वे शिक्षा के कारण ही हैं।

ऐसा कहा जाता है कि, पं. मदन मोहन मालवीय जी ने काशी हिंदू विश्वविद्यालय की स्थापना का संकल्प जब कुंभ मेले में त्रिवेणी संगम पर भारत भर से आयी जनता के बीच दोहराया तभी वहीं एक वृद्धा ने मालवीय जी को इस कार्य के लिए सर्वप्रथम एक पैसा चंदे के रूप में दिया था।

विश्वविद्यालय के निर्माण के समय पं. मदन मोहन मालवीय जी के जीवन में एक खास घटना हुई, जब दान के लिये मालवीय जी हैदराबाद के निजाम के पारा गये तो, निजाम ने मदद करने से साफ इंकार कर दिया। मगर मालवीय जी इतनी जल्दी हार मानने वाले इंसान तो थे नही। वो उचित क्षण का इंतजार कर रहे थे।

इत्तफाक से उसी समय एक सेठ का निधन हो गया। शव-यात्रा में घर वाले पैसों की वर्षा करते हुए चल रहे थे। तभी मालवीय जी को एक उपाय सूझा और वो भी शव-यात्रा में शामिल हो गये तथा पैसा बटोरने लगे। महामना को ऐसा करते देख सभी को आश्चर्य हुआ, तभी एक व्यक्ति ने पूछ ही लिया कि "आप ये क्या कर रहे हैं!" ऐसा सुनते ही मालवीय जी ने कहा "भाई क्या करूँ ? तुम्हारे निजाम ने कुछ भी देने से इनकार कर दिया और जब खाली हाँथ बनारस लौटूँगा तो लोगों के पूछने पर कि हैदराबाद से क्या लाये तो क्या कहूँगा कि खाली हाँथ लौट आया? भाई, निजाम का दान न सही, शव-विमान का ही सही।"

ये बात जब निजाम को पता चली वो बहुत शर्मिंदा हुआ और महामना से माफी माँगते हुए बिश्वविद्यालय के लिये काफी अनुदान दिया। ये कहना अतिश्योक्ति न होगी कि मालवीय जी के मृदव्यवहार एवं दृढ़ इच्छा शक्ति का ही परिणाम है, काशी हिन्दू बिश्वबियालय भारतीय स्वाधीनता संग्राम में भी अपनी भूमिका निभा चुका है। विश्व में अपनी श्रेष्ठ पहचान लिये काशी हिन्दू विश्वविद्यालय भारत का गौरव है। श्री सुंदरलाल, पं. मदन मोहन मालवीय, डॉ.

एस. राधाकृष्णन् (भूतपूर्व राष्ट्रपति), डॉ. अमरनाथ झा, आचार्य नरेंद्रदेव, डॉ. रामस्वामी अय्यर, डॉ. त्रिगुण सेन (भूतपूर्व केंद्रीय शिक्षामंत्री) जैसे विद्वान यहाँ के कुलपति रह चुके हैं।

मालवीय जी संस्कृत, हिंदी तथा अंग्रेजी तीनों ही भाषाओं के ज्ञाता थे। महामना जी का जीवन विद्यार्थियों के लिए एक महान प्रेरणा स्रोत है। जनसाधारण में वे अपने सरल स्वभाव के कारण प्रिय थे, कोई भी उनके साथ बात कर सकता था। मानों वे उनके पिता, बन्धु अथवा मित्र हों।

महामना जी के जीवन की एक घटना इस प्रकार है—

काशी हिन्दू विश्वविद्यालय की स्थापना के कुछ ही समय की बात है, यदा-कदा अध्यापक उद्दंड छात्रों को उनकी गलतियों के लिए आर्थिक दंड दे दिया करते थे, मगर छात्र उस दंड को माफ कराने मालवीय जी के पास पहुँच जाते और महामना उसे माफ भी कर देते थे। यह बात शिक्षकों को अच्छी नहीं लगी और वह मालवीय जी के पास जाकर बोले, 'महामना, आप उद्दंड छात्रों का आर्थिक दंड माफकर उनका मनोबल बढ़ा रहे हैं। इससे उनमें अनुशासनहीनता बढ़ती है। इससे बुराई को बढ़ावा मिलता है। आप अनुशासन बनाए रखने के लिए उनके दंड माफ न करें।'

मालवीय जी ने शिक्षकों की बातें ध्यान से सुनीं फिर बोले, 'मित्रों, जब मैं प्रथम वर्ष का छात्र था तो एक दिन गंदे कपड़े पहनने के कारण मुझ पर छह पैसे का अर्थ दंड लगाया गया था। आप सोचिए, उन दिनों मुझ जैसे छात्रों के पास दो पैसे साबुन के लिए नहीं होते थे तो दंड देने के लिए छह पैसे कहाँ से लाता। इस दंड की पूर्ति किस प्रकार की, यह याद करते हुए मेरे हाथ स्वतः छात्रों के प्रार्थना पत्र पर क्षमा लिख देते हैं।' शिक्षक निरुत्तर हो गए।

गाँधीजी मालवीय जी को नवरत्न कहते थे और अपने को उनका पुजारी। महामना जी, को छात्रों के साथ तो लगाव था ही। इसके अलावा विश्वविद्यालय से भी बहुत लगाव था। एक बार की बात है कि, महामना जी, छात्रावास का निरीक्षण कर रहे थे तभी उन्होने देखा कि एक छात्र ने दीवार के कोने में कुछ लिख रखा था।

मालवीय जी ने उसे समझाया-" मेरे दिल में तुम्हारे प्रति जितनी ममता और लगाव है, उतना ही लगाव विश्वविद्यालय की प्रत्येक ईंट से है। मैं आशा करता हुँ कि भविष्य में तुम ऐसी गलती फिर न करोगे।"

तद्पश्चात महामना जी ने जेब से रूमाल निकालकर दीवार को साफ कर दिया। विश्वविद्यालय के प्रति मालवीय जी के दृष्टिकोण को जानकर छात्र लज्जा से झुक गया।

मित्रों, कितनी शालीनता से महामना जी ने उस छात्र को बिना सजा दिये उसके मन में सभी के प्रति आदर का भाव जगा दिया। यकीनन दोस्तों, यदि आज हम महामना मालवीय जी के आचरण को जीवन में आपना लें तो स्वयं के साथ समाज को भी सभ्य और सुन्दर बना सकते हैं। महामना पंडित मदन मोहन मालवीय जी का विद्यार्थियों को दिये उपदेश के साथ कलम को विराम देते हैं।

सत्येन ब्रह्मचर्येण व्यायामेनाथ विद्यया।
देशभक्त्याऽत्यागेन सम्मानहर्रू सदाभव।।

अथार्त सत्य, ब्रह्मचर्य, व्यायाम, विद्या, देशभक्ति, आत्मत्याग द्वारा अपने समाज में सम्मान के योग्य बनो।

प्रवाह के विरुद्ध

अंग्रेजों को इस देश से भगाने के लिए सन् 1857 में नाना साहेब, तात्या टोपे, झाँसी की रानी लक्ष्मीबाई ने वीरतापूर्वक युद्ध किया था। किन्तु उन्हें अपने प्रयत्न में सफलता नहीं मिली। भारत को अंग्रेजी साम्राज्य का हिस्सा बना बना लिया गया। इसके बाद भारतीयों के दृष्टिकोण में भारी परिवर्तन हो गया।

पढे-लिखे और मध्यम श्रेणी के लोग अंग्रेजों की नकल करने लगे। यह परिवर्तन उनके पहनने के कपड़ों, रहन-सहन और भाषा में हुआ। वे अंग्रेजी में बोलने में गौरव का अनुभव करते, अंग्रेजों की तरह कपड़े पहनते, और उन्हीं के रीति-रिवाज पालते। मालवीय के पूर्वजों की श्रद्धा पुराने काल से चली आई हुई परम्पराओं पर थी। इस प्रकार वे उस समय के प्रवाह के विरुद्ध थे।

प्रार्थना

पंडित मालवीय जी के पिता पंडित ब्रजनाथजी श्रीमद्भागवत (श्रीकृष्ण एवं उनके भक्तों की कहानियों का संग्रह) के प्रवचन से अपना जीवन-निर्वाह करते थे। उनकी आय का और कोई साधन नहीं था। हम लोग ऐसे त्यागी ब्राह्मणों के

भरण-पोषण की व्यवस्था सरलता से करते रहे हैं। ब्रजनाथ का दृढ़ विश्वास ईश्वर की इस कृपा में था कि वह उसमें विश्वास करने वाले को कभी नीचा नहीं देखने देता। इसलिए ब्रजनाथजी ने अपने भाग्य को भगवान के भरोसे छोड़ दिया था। पं. प्रेमधर मालवीय की मृत्यु हो गई थी। उनका धार्मिक विधि से क्रियाकर्म करने के बाद पं. ब्रजनाथ श्राद्ध करने के लिए गया पहुँचे। श्राद्ध कर्म पूरा हो जाने के बाद पुरोहितों ने ब्रजनाथ से इच्छापूर्ति के लिए भगवान से प्रार्थना करने को कहा। साथ ही उन्होंने यह भी कहा कि उनकी इच्छा की पूर्ति के लिए वे उन्हें आशीर्वाद देंगे।

पं. ब्रजनाथ ने पूर्व की ओर मुँह किया और हाथ जोड़कर प्रार्थना की। "हे भगवन! मुझे एक ऐसी सन्तान दीजिए जिसकी बराबरी करने वाला न तो पैदा हुआ हो और न आगे हो।"

भाग्यशाली नाम

वह शुभ दिन आया जब पं. ब्रजनाथ की प्रार्थना फलवती हुई। 25 दिसंबर 1861 को अहियापुरा में पं. मदन मोहन मालवीय का जन्म हुआ (यह मोहल्ला अब मालवीय नगर के नाम से प्रसिद्ध है) माता मूना देवी की कोख से यह पुत्र जन्मा। सूर्यास्त का समय था। घरों में दीप जलाये जाने थे कि अचानक कांसे की थाली की आवाज सुनाई दी। लोगों ने समझ लिया कि पं. ब्रजनाथ के यहाँ पुत्र-जन्म हुआ है। ब्रजनाथ धनी व्यक्ति नहीं थे। सचरित्र, विद्वान होने के कारण लोग उनका सम्मान करते थे। सब लोग उन्हें प्यार करते थे। धार्मिक ग्रंथों के भाष्यकार ब्रजनाथजी के घर के सामने शीघ्र ही आनंदित लोगों की भीड़ इकट्ठी हो गई।

ब्रजनाथजी का घर एक छोटा सा घर था। इसकी दीवारें मिट्टी की बनी थीं। शुभेच्छा प्रकट करने के लिए आए सभी लोग बैठ सकें, इतनी जगह उसमें नहीं थी। उन सबको मिठाई बांटी जा सके, इतनी शक्ति ब्रजनाथ की नहीं थी। आने वाले सभी लोगों का उन्होंने हाथ जोड़कर स्वागत किया और उनका आभार माना। इसके बाद वे सब बिदा हुए। बालक का नामकरण किया जाना था। यह सुझाया गया कि "म'" से प्रारंभ होने वाला नाम शुभ होगा इसलिए ब्रजनाथ ने तय किया कि "मदन मोहन'" नाम रखना ठीक होगा। बालक मदन मोहन हमेशा प्रसन्नचित्त एवं चंचल रहता था।

बचपन की शिक्षा

पाँच वर्ष की उम्र में बालक मदन मोहन की शिक्षा प्रारंभ हुई। उन दिनों अहियापुरा में पाठशाला नहीं थी। "धर्म ज्ञानोपदेश पाठशाला" के नाम से एक पाठशाला हरदेव नामक विद्वान पंडित चलाते थे। मदन मोहन के पिता एक दिन बालक मदन-मोहन को शाला में भर्ती करने के लिए पंडित हरदेव के पास ले गये। पं. हरदेव ने बालक को देखा और कहा ठीक है। उन्होंने पूछा-"क्या बालक कोई श्लोक जानता है?"

बालक ने कहा-'हां'।

"बहुत अच्छा, जरा सुनाओ तो, हम सब सुनेंगे"-गुरूजी ने कहा। बालक ने गुरूजी के पास जाकर उनके पैर छुए। उसने पिताजी को झुककर प्रणाम किया और पिताजी द्वारा प्रतिदिन सिखाए गए सुन्दर श्लोकों को साहसपूर्वक सुनाना शुरू किया। श्लोक सुनकर गुरूजी प्रसन्न हुए। उन्होंने कोई कविता गाने के लिए कहा। बालक ने मीठे स्वर में कविता गाकर सुनाई। श्लोक और कविता सुनकर गुरूजी बहुत ही प्रसन्न हुए। उन्होंने बालक के सिर पर हाथ रखते हुए कहा तुम सचमुच भाग्शाली हो। तुम अपने कुटुम्ब को स्थायी कीर्ति प्राप्त कराओगे। तुम्हारे कारण तुम्हारा कुटुम्ब महान बनेगा। पं. हरदेव की देखरेख में मदन मोहन की शिक्षा प्रारंभ हुई। उन्हें "लघु कौमुदी'" नामक संस्कृत का व्याकरण ग्रंथ पढ़ाया गया। उन्हें भगवद्गीता, मनुस्मृति तथा अन्य ग्रंथों के कई चरित्र विषयक श्लोक याद थे। मदन मोहन जब आठ वर्ष के हुए तो उन्हें जनेऊ पहनाया गया। उनके आदरणीय पिता ब्रजनाथ ने स्वयं अपने योग्य पुत्र को पवित्र गायत्री मंत्र पढ़ाया। बालक का उपनयन संस्कार या जनेऊ उनके गहन अध्ययन के प्रारंभ का तथा अनुशासनबद्ध जीवन का द्योतक है। गायत्री मंत्र इस समय पढ़ाया जाता है।

छोटा बुद्धिमान छात्र

बुद्धिमान बालक मदन मोहन सुबह और शाम पूजा-पाठ करने लगा। पूजा-पाठ करते देखकर माँ उसकी पूजा-पाठ की पद्धति पर आश्चर्यचकित होकर सोचने लगती कि कहीं वह संन्यासी (धार्मिक साधना करने वाला) न हो जाए। उसे डर था कि कहीं उसकी नजर उस बालक को न लग जाए। वह उसे नजर न लगे इसलिए राई-नौन उतारती। बचपन में मदन मोहन बहुत उद्यमी थे। खेल

उनका जीवन था। लाठी या गोलियाँ खेलने लगते तो उन्हें खाने और सोने की भी सुधि नहीं रहती थी। शारीरिक व्यायाम में वे बड़े नियमित थे। मदन मोहन की धर्म ज्ञानोपदेश पाठशाला में सुबह छह बजे से कार्य प्रारंभ होता था। नौ बजे शाला की घंटी बजती तब सभी विद्यार्थी इकट्ठे होते। ऊँची कक्षा के छात्र जोर से पवित्र श्लोक पते।

अन्य छात्र उसे दुबारा कहते। इस प्रकार सब विद्यार्थियों को मनुस्मृति, भगवद्गीता तथा अन्य पुस्तकें पढ़ाई जाती। बार-बार गाने के कारण ये श्लोक विद्यार्थियों को याद हो जाते।

मैं भाग्यशाली था

मदन मोहन भोजन के विषय में यह कहते थे कि जैसा भोजन मैं करता था वैसा तो राजाओं को भी नसीब नहीं था। राजकुमार तो रसोइयों द्वारा बनाया हुआ भोजन खाते हैं। क्या रसोइए प्रेमपूर्वक भोजन बनाते हैं? निश्चय ही नहीं। वे तो केवल अपने वेतन प्राप्ति के लिए ऐसा करते हैं, किन्तु मैं तो यंत्रवत तैयार किया हुआ भोजन नहीं खाता। अपने बचपन से ही सयाना होने तक मैंने अपनी माँ के हाथ का बनाया तथा प्रेमपूर्वक परोसा भोजन खाया। मेरी माँ प्रतिदिन मेरी इच्छा के अनुसार भोजन बनाती और मुझे खिलाती। इस तरह उसने मेरा पालन-पोषण किया। इस मामले में मैं सचमुच भाग्यशाली और आशीर्वाद प्राप्त था।

एक नई पाठशाला

मदन मोहन की उम्र के कुछ लड़के तब शाला में उपस्थित होते थे जब अंग्रेजी पढ़ाई जाती थी। उन्होंने यह देखा और अंग्रेजी पढ़ने की उनकी भी इच्छा हुई। अंग्रेजी शालाओं में फीस अधिक ली जाती थी। ऐसी शालाओं में भेजने के लिए क्या गरीब कुटुम्ब इतनी अधिक फीस दे सकते थे? फिर भी जहाँ चाह है, वहाँ राह है। ब्रजनाथ अपने बेटे की इच्छा समझ गए। स्कूल में ऊँची फीस की बात सुनकर मदन मोहन की माता मूना देवी ने अपनी सोने की चूड़ियाँ एक धनी व्यक्ति लाला गयाप्रसाद के यहाँ गिरवी रखकर पैसे प्राप्त किये। पिता ने बालक को शाला में भर्ती करा दिया। अंग्रेजी पाठशाला में गोर्डन साहब नामक एक शिक्षक थे। वे स्वभाव के उतने ही सख्त थे जितने कि सेना में होते हैं।

विद्यार्थियों को शाला में ठीक समय पर हाजिर होना पड़ता था। शाला में हाजिर होने के समय तक मदन-मोहन के घर के कभी भी ताजा भोजन तैयार नहीं होता था। इसलिए उन्हें पहले दिन बना हुआ भोजन खाकर शाला भागना पड़ता था। उस समय उनके परिवार की ऐसी दयनीय हालत थी। यद्यपि दिन बहुत कड़े थे फिर भी मदन-मोहन ने हिम्मत नहीं हारी। थोड़े ही दिनों में अपनी कक्षा में वे अंग्रेजी लिखने और बोलने में सबसे श्रेष्ठ हो गए। अतः वे शिक्षक के सबसे प्रिय छात्र बन गए। बालक के घर में सुविधापूर्वक अध्ययन करने लायक जगह नहीं थी। गंगाप्रसाद नामक उनके साथ पढ़ने वाला साथी उनके घर से कुछ कदम दूरी पर रहता था। सूर्यास्त के तुरंत बाद मदन मोहन हाथ में लालटेन लेकर इस साथी के घर जाते और वहाँ पढ़ते। वे दूसरे दिन सुबह वापस लौटते। उन दिनों इनका यह प्रतिदिन का क्रम था। पाठशाला से वापस आने पर वे नियमित रूप से अभ्यास करते थे। जहाँ सेवा और अनुशासन की आवश्यकता होती, वहां वे सबसे आगे रहते थे। संगीत के अभ्यास को उन्होंने अपने को समर्पित किया था। वे बांसुरी और सितार सीखते थे। सुबह और शाम उनके पिता उन्हें मीरा और सूर के भजन सिखाया करते थे। गरीबी होने पर भी वे इस प्रकार सुखपूर्वक दिन बिताते थे।

स्नातक

सन 1881 ईस्वी में मदन मोहन ने एफ.ए. परीक्षा पास की। ये उस समय म्यूर सेंट्रल कॉलेज के छात्र थे। इस युवक में ज्ञान की प्यास थी। अतः वह बी. ए. के अध्ययन हेतु आगरा गये। किन्तु वे परीक्षा में अनुत्तीर्ण हो गए क्योंकि उनका ध्यान और उनकी शक्ति बहुत सी बातों में बंट गई थी। सन 1884 में उन्होंने कलकत्ता विश्वविद्यालय से बी.ए. की परीक्षा उत्तीर्ण की। वे एम.ए. की उपाधि प्राप्त करना चाहते थे। वे समझ गए थे कि परिवार को चलाने में उनके माता-पिता कितना कठिन संघर्ष कर रहे थे। इसलिए उन्होंने उनको सहायता पहुँचाने के लिए नौकरी करने का निश्चय किया।

बुद्धिमानों का जमघट

पंद्रह वर्ष की उम्र में ही मदन मोहन को अपने बाबा के साथ मिर्जापुर जाने का अवसर मिला। वहां कई विद्वान इकट्ठे हुए थे। इनमें से कुछ के वहां पर0

विद्वतापूर्ण भाषण होने वाले थे। जब बालक ने ये वाद विवाद सुने तो उसकी भी इच्छा बोलने की हुई। उसने एक या दो बार खड़े होना चाहा। अन्त में उसे मौका मिला। वह खड़ा हुआ और उसने अपना भाषण अत्यंत सम्मानपूर्ण ढंग से शुरू किया। वहां इनके संस्कृत में तर्कपूर्ण, मीठे विषय प्रतिपादन और अनुपम विद्वत्ता ने उपस्थित बड़े-बड़े विद्वानों को आश्चर्य में डाल दिया। उन्होंने इन पर प्रशंसा की झड़ी लगा दी। महान पंडित नंद राव सभा के अध्यक्ष थे। मदन मोहन के रूपरंग विद्वत्ता, विनय, शालीनता और वक्तव्य ने उन पर जादू का सा प्रभाव डाला।

वे मूक हो गए। उन्होंने अपनी तीसरी कन्या कुन्दना देवी का विवाह इस युवक से करने का निश्चय किया। पंद्रह वर्षीय मदन मोहन का विवाह कुंदना देवी से हो गया। मदन मोहन भी श्रीमद्‌भागवत के महापंडित और प्रवचनकार होकर वैसे ही प्रसिद्ध होना चाहते थे जैसे उनके पिता और दादा हुए थे। जब इन्होंने इसके विषय में अपनी माता को जानकारी दी तो मूना देवी बोली- "तुम हमारे वर्तमान सुख को जानते हो। जैसा तुम ठीक समझते हो वैसा करो।" मदन मोहन मां की भावनाओं को समझ गए। उन्होंने चालीस रूपये मासिक की शिक्षक की नौकरी कर ली।

बहुरूपी हीरा

मदन मोहन जन्मजात कवि थे। जब वे पंद्रह या सोलह वर्ष के थे उन्होंने कविताएँ करनी प्रारंभ कर दी थी। थोड़े ही समय में वे प्रसिद्ध कवि हो गए। आपका कवि नाम "मकरन्द" था। "राधिका रानी" आपकी पहली कविता थी। भारतीय राष्ट्रीय कांग्रेस की दूसरी सभा कलकत्ता में हुई थी। जाने माने नेता दादा भाई नौरोजी उस सभा के मान्य सभापति थे। काफी लोग इकट्ठे हुए थे। उस समुदाय में अपने शिक्षक की सलाह पर यह नवयुवक मंच पर पहुँच गया और उसने अपना भाषण शुरू किया। राष्ट्रीय भावना से ओतप्रोत उस युवक की वाणी गंगा की भाँति प्रवाहित हो चली। सुननेवाले संतुष्ट थे। वे वहाँ बैठे रहे। भाषण समाप्ति की पर सारे श्रोताओं ने तालियाँ बजाई। कांग्रेस के जनक एलन हौक्टोवियन ह्यूम ने बाद में मदन मोहन के भाषण को अविस्मरणीय बताया। इस अधिवेशन में मालवीय जी की भेट महाराजा रामपाल सिंह से हुई। वे एक दैनिक पत्र 'दि हिन्दुस्तान' के मालिक थे। उन्होंने उस दैनिक के संपादक पद का भार

स्वीकृत करने की प्रार्थना की और पत्र की व्यवस्था का सारा भार ही उन्हें सौंप दिया।

अधिवक्ता

यद्यपि वे जनता की सेवा में लगे हुए थे फिर भी मालवीय जी सन 1892 में इलाहाबाद उच्च न्यायालय के एडवोकेट हुए। थोड़े ही समय में वे प्रसिद्ध वकील बन गए। उनके आकर्षक और प्रेरक भाषण सादा और स्पष्ट विश्लेषण और तर्क तथा गंभीर विद्वत्ता का प्रदर्शन न केवल न्यायालयों को ही होता था, बल्कि आम सभाओं और सम्मेलनों में भी होता था। असाधारण बुद्धिमत्ता, भाषणशक्ति, धैर्य तथा खूब काम करने की शक्ति उन्हें ईश्वरीय देन थी। वकील के रूप में वे सरलतापूर्वक ढेर सारा रुपये कमा सकते थे। किन्तु जीवनभर उन्होंने झूठा और खोखला मुकदमा नहीं लिया। वे उन मुकदमों में बहस करना और जीतना पसंद करते थे जिसमें निरपराध और गरीब व्यक्ति फंसे होते थे।

राष्ट्र के शिक्षक

भारतीय स्वतंत्रता आन्दोलन में मालवीय जी अदृश्य नींव की भांति थे। गांधीजी जिस प्रकार "राष्ट्र के पिता हैं" उसी प्रकार मालवीय जी "राष्ट्र के शिक्षक हैं।'" भारत सरकार ने कलकत्ता, मुंबई और मद्रास में सन 1857 में विश्वविद्यालयों की स्थापना की। ये विश्वविद्यालय अंग्रेजी विश्वविद्यालयों के आदर्शों के आधार का अनुकरण करने वाले थे। पहले कहा गया है कि अनेक भारतीय अंग्रेजी भाषा, रीति-रिवाज और संस्कृति पर गर्व करते थे। यह भावना बढ़ रही थी कि भारतीय तुच्छ हैं।

मालवीय जी जो प्रमुख विद्वान थे, राष्ट्रप्रेमी थे इस बात के अधिक इच्छुक थे कि भारतीय संस्कृति उचित सम्मान पाए और शिक्षित लोग इस संस्कृति को समझें। इस उद्देश्य की पूर्ति के लिए वे वाराणसी में एक विश्वविद्यालय स्थापित करना चाहते थे।

विश्वविद्यालय की स्थापना क्या सरल काम है? एक पाठशाला की स्थापना और उसका संचालन ही तो कठिन है। फिर विश्वविद्यालय का प्रारंभ करना तब कितना कठिन काम होना चाहिए? और वह भी तब जबकि अकेला आदमी प्रयत्न

करता है। किंतु ज्ञान की देवी के इस उपासक ने एकबारगी ही सदा के लिए निश्चय कर लिया था। भारतीय राष्ट्रीय कांग्रेस का इक्कीसवां अधिवेशन बनारस में हुआ था। गोपाल कृष्ण गोखले उसके मान्य अध्यक्ष थे। पंडित मालवीय जी ने इस अवसर का लाभ उठाया। उन्होंने कांग्रेस के ज्येष्ठ नेताओं को इकट्ठा किया और बनारस में विश्वविद्यालय स्थापित करने की अपनी तीव्र इच्छा के बारे में उनसे कहा।

सभी नेताओं ने हृदय से इस कल्पना का स्वागत किया। प्रसिद्ध नेता सुनेन्द्रनाथ बैनर्जी खडे हुए और बोले-"मैं बनारस हिन्दू युनिवर्सिटी में तब तक निःशुल्क अंग्रेजी के प्रोफेसर के रूप में काम करूँगा जब तक कि कोई उपयुक्त विद्वान नहीं मिल जाता।"

स्थल

आज जहाँ बनारस हिन्दू युनिवर्सिटी है, वह जमीन प्राप्त करने के लिए मालवीय जी ने निश्चय कर रखा था। वह जमीन बनारस के राजा की थी। राजा ने कहा-"मैं आपको जितना चाहे उतना रूपया देने को तैयार हूँ लेकिन आप उस जमीन को न मांगे। मेरा उस जमीन से बहुत लगाव है।" किंतु ईश्वर की कृपा से मालवीय जी ने मकर संक्रांति के पावन दिन दान के रूप में उसी जमीन को प्राप्त कर लिया।

परिवर्तित दानी

फिर अर्थ का प्रश्न उपस्थित हुआ। मालवीय जी ने सारे देश के दौरे का काम हाथ में लिया। उन्होंने हिन्दू विश्वविद्यालय के लिए आर्थिक सहायता प्राप्त करना प्रारंभ किया। जैसे-जैसे उनका दौरा आगे बढ़ता था, वैसे-वैसे उनकी झोली भी भरनी प्रारंभ हुई। अपने अर्थ-संग्रह के दौरान मालवीय जी हैदराबाद पहुंचे। उस समय निजाम वहां के शासक थे। निजाम को उनके आने के कारण का पता चला। किंतु मुसलमान होने के कारण हिन्दू विश्वविद्यालय नामक संस्था को वे दान में धनराशि नहीं देना चाहते थे। उन्होंने अपना निर्णय स्पष्ट रूप में मालवीय जी तक पहुँचा दिया। किंतु मालवीय जी निजाम से बिना कुछ लिये लौटना नहीं चाहते थे। उसी दिन हैदराबाद में एक हिन्दू धनी का स्वर्गवास हो गया। उसकी अर्थी बडी धूम-धाम से ले जाई जा रही थी, उसके

प्रशंसक उसके मृत शरीर पर से पैसा बरसा रहे थे। यह देखकर मालवीय जी ने वह पैसा बटोरना शुरू किया और उसे एक थैली में इकट्ठा करने लगे। जिन लोगों ने यह देखा, तो आश्चर्य करने लगे। उन्होंने मालवीय जी की इस क्रिया में हिस्सा बंटाना शुरू किया। वे भी रूपयों को बटोरकर मालवीय जी की थैली में डालने लगे। इस प्रकार थैली भर गई। निजाम ने ये समाचार सुने। उसे इस घटना से थोडी शर्म महसूस हुई। इस पर निजाम ने उदारतापूर्वक दान दिया और उससे उसे बड़ा सन्तोष मिला

मांगने वालों के सम्राट

मालवीय जी ने अनेकों बार देश की चारों दिशाओं का दौरा किया। वे हिमाचल से कन्याकुमारी और पेशावर से ब्रह्मदेश गए। जहाँ कहीं भी वे गए, उन्हें इस महान कार्य के लिए बहुत रूपये मिले। एक बार मालवीय जी ने दरभंगा में श्रीमद्‌भागवत का प्रवचन किया। दरभंगा के महाराजा समाप्ति के दिन उपस्थित हुए थे। जब महाराजा ने मालवीय जी का असाधारण भाषण सुना तो अत्यंत प्रभावित हुए। उन्होंने न केवल पच्चीस लाख रूपये बनारस हिन्दू विश्वविद्यालय को दान में दिए, वरन् अपने जीवन की अंतिम घड़ी तक इस महान कार्य में सहयोग देने का वचन दिया। मालवीय जी इससे अत्यंत प्रभावित हुए और उनकी आँखों से आनंद के आँसू बहने लगे। दरभंगा के महाराजा ने अपने वचनों को पूरा किया। मालवीय जी के साथ वे अनेक रियासतों में घूमे और विश्वविद्यालय के लिए उन्होंने खूब धन इकट्ठा किया। पंडित मालवीय जी ने देश का दौरा करके एक करोड़ चौंतीस लाख रूपये इकट्ठे किये और “भिखमंगों के सम्राट” की उपाधि प्राप्त की। एक बार गांधीजी ने कहा था कि “मांगने की कला उन्होंने अपने बड़े भाई मालवीय जी से सीखी है।”

बनारस हिन्दू विश्वविद्यालय

4 फरवरी 1916 को वसंत पंचमी का शुभ दिन था। बनारस में उत्सव की सी धूमधाम थी। पवित्र गंगा के किनारे भारत के तत्कालीन वायसराय और गवर्नर जनरल लार्ड हार्डिंग्ज द्वारा हिन्दू विश्वविद्यालय का शिलान्यास किया गया। मालवीय जी का दृष्टिकोण था कि वेद, उपनिषद, गीता, महाभारत, रामायण आदि पवित्र ग्रन्थों का तथा भारतीय संस्कृति के संस्कार डाले जाने और

संस्कृत भाषा के अध्ययन का महत्व है। उन्होंने जीवन के इन आदर्शों की पूर्ति के लिए विश्वविद्यालय की स्थापना की थी और यह उनके जीवन की सांस बन गई थी।

भारतीय संस्कृति का घर

प्रत्येक देश को यह सुनिश्चित करना चाहिए कि उसके नागरिकों को गरीबी से पीड़ित नहीं होना पड़ेगा। यह सच है कि प्रत्येक व्यक्ति उपयुक्त मात्रा में भोजन पाने का, शरीर को ढंकने के लिए कपड़ों का तथा सुविधाजनक घर का अधिकारी है। लेकिन केवल कृषि उन्नति में सब प्रकार की उन्नति की शाश्वती नहीं है। आर्थिक उन्नति की अपेक्षा चारित्रिक उन्नति अधिक महत्वपूर्ण है। प्रत्येक देश को अपने धर्म की हमेशा रक्षा करनी चाहिए। यदि आजकल के युवक उत्तराधिकार में प्राप्त हिन्दू धर्म की रक्षा नहीं करते हैं तो हमें उन अशिक्षितों द्वारा घिर जाएंगे जो अपनी शिक्षा का दुरुपयोग करते हैं। परिणामतः धर्म की पूरी हानि होगी। हमें धर्म को संकुचित अर्थ में नहीं समझना चाहिए। हमें कर्म का त्याग भी नहीं करना चाहिए। धर्म को ठीक से समझना हर व्यक्ति के जीवन में मार्गदर्शक बनता है।

भारत की युवा पीढ़ी को भारतीय संस्कृति को समझना चाहिए। ये मालवीय जी के विचार थे। इस प्रकार बनारस हिन्दू विश्वविद्यालय ने हिन्दू धर्म के द्वारा सिखाए गए मूल्यों की रक्षा करने का साहस किया। हमारे युवक उदार शिक्षा ग्रहण करें। साथ ही वे यह भी सीखें कि अन्य धर्मों की सीख का मूल्य निर्धारण करने का प्रयत्न करें। मदन मोहन मालवीय के मन में यही इच्छा थी। यह कहना कोई अंत्युक्ति नहीं है कि बनारस हिन्दू विश्वविद्यालय उसी इच्छा का मूर्तिमान स्वरूप् है।

आदर्श पत्रकार

मालवीय जी ने अनेक क्षेत्रों में देश की सेवा की। किंतु शिक्षा के क्षेत्रों में उनकी सेवा अपवाद रूप थी। लेकिन पत्रकारिता के क्षेत्र में उनकी सेवाएँ कम नहीं थी। जब उन्होंने "दि हिन्दुस्तान" का संपादन-भार सम्हाला तो उन्होंने पत्र के मालिक राजा रामपालसिंह से कहा था- "मेरे संपादकीय कार्य में जरा भी हस्तक्षेप नहीं होना चाहिए। मुझे पूर्ण स्वतंत्रता रहनी चाहिए।" चूंकि राजासाहब

ने इस शर्त को स्वीकार किया और मालवीय जी को पूरी स्वतंत्रता दी। इसीलिए मालवीय जी ने संपादन की भारी जिम्मेवारी को स्वीकार किया। पत्रकारिता के क्षेत्र में उन दिनों पं. प्रतापनारायण मिश्र और श्री बालमुकुन्द गुप्त बड़े निर्भीक माने जाते थे। मालवीय जी ने इन पराक्रमी पत्रकारों से निकट की मित्रता प्राप्त की।

मालवीय जी अनेक छोटे पत्रों के मार्गदर्शक थे। दिल्ली से प्रकाशित होने वाला एक साप्ताहिक "गोपाल" था। वह इनकी संरक्षण में था। उसी तरह ये "अभ्युदय" के चालक प्राण थे जिसका संपादन बाबू पुरुषोत्तम दासजी टंडन करते थे। मालवीय जी यह कहा करते थे पत्रकार को आदर्श होना चाहिए। उसे स्वाभिमानी होना चाहिए। और उसमें सम्मान की भावना होनी चाहिए। उसका महत्व होना चाहिए और उसमें जिम्मेवारी की भावना होनी चाहिए। वह चारित्रवान हो और सत्य और न्याय का पालन करने वाला हो। मालवीय जी में एक अच्छे पत्रकार के सभी गुण मौजूद थे। मालवीय जी ने दिल्ली का "दि हिन्दुस्तान टाइम्स" खरीद लिया और उसका बहुत वर्षों तक सफल संचालन किया। जब उनका समय अन्य कामों में लगने लगा तो उन्होंने यह पत्र एक संगठन को सौंप दिया। दिल्ली से प्रकाशित होने वाले "दि हिन्दुस्तान टाइम्स" और "दि हिन्दुस्तान" उन्हीं की प्रेरणा के फल हैं।

गोलमेज परिषद में

उन दिनों भारत में अंग्रेजी राज था। अंग्रेजी सरकार भारत को स्वराज्य देने की बात सोच रही थी। सन 1931 में लंदन में दूसरी गोलमेज परिषद हुई। अंग्रेजी सरकार के साथ बातचीत करने के लिए कुछ भारतीय नेताओं को गोलमेज परिषद में भाग लेना पड़ा। महात्मा गांधी ने अपने साथ मालवीय जी को ले जाने का निश्चय किया। मालवीय जी बहुत धार्मिक वृत्तिवाले थे। जब उन्हें लंदन जाना पड़ा तो वे अपने साथ पवित्र गंगाजल लेकर समुद्रयात्रा की तैयारी की। गोलमेज परिषद में अपनाया गया उनका रुख सदा याद किया जाएगा। उनकी पुस्तक "इंडियन डायरी" में श्री मांटुग्यु ने परिषद में मालवीय जी द्वारा अदा की गई भूमिका की सराहना की है। उसी प्रकार तेज बहादुर सप्रू ने भी हृदय से मालवीय जी के साहस की प्रशंसा की है। इस प्रकार मालवीय जी ने प्रमुख राजनीतिज्ञों का मन अपनी क्षमता द्वारा जीता।

दैनिक चर्या

मालवीय जी प्रतिदिन व्यवस्थित ढंग से काम करते थे। वे प्रतिदिन सूर्योदय से पहले उषाकाल में उठते थे और नियमित रूप से कसरत करते थे। नहाने के लिए एकमात्र देशी साबुन का प्रयोग करते थे। स्नान करने के बाद वे प्रातःकाल धार्मिक क्रियाएँ करते थे। वे भालपर तिलक धारण करते। प्रातःकाल की प्रार्थना के बाद वे थोड़ा गरम दूध पीते। वे सफेद वस्त्र पहनते और पगड़ी बाँधते थे। दोपहर बाद एक से दो तक एक घंटा वे मिलने के लिए आने वालों से चर्चा किया करते थे। उनका भोजन कम खर्चीला होता था। मिर्च वाले पदार्थों का प्रयोग वे नहीं चाहते थे। भोजन करने के बाद वे थोड़ी देर आराम करते थे। उनके सोने के कमरे में उनके आदरणीय माता-पिता के बड़े बड़े तल चित्र थे। प्रतिदिन रात को वे अपने माता-पिता के चित्रों के सामने सिर झुकाते और ईश्वर को नमन कर सोते। मालवीय जी जब तक जीवित रहे तब तक वसंत पंचमी (बनारस हिन्दू विश्वविद्यालय का जन्म दिवस) के दिन जनसाधारण उनसे मिल सकते थे। वे उन्हें संबोधित करते थे। उनका भाषण सुनने के लिए हजारों छात्र, शिक्षक, तथा अन्य लोग इकट्ठा होते थे। मालवीय जी अत्यंत सरल भाषा और सुन्दर तरीके से बनारस हिन्दू विश्वविद्यालय के उद्देश्य, भारतीय संस्कृति और धर्म को समझाया करते थे।

अनेक भाषाओं के पंडित

मालवीय जी अनेक भाषा जानते थे। वे अंग्रेजी, हिन्दी, उर्दू और संस्कृत के असाधारण पंडित थे। जब वे अंग्रेजी में बोलते थे तो किसी दूसरी भाषा का एक भी शब्द प्रयोग नहीं करते थे। जब वे संस्कृत बोलना शुरू करते थे तो ऐसा लगता था मानों उनकी जीभ पर सरस्वती विराज रही हों। उनका लेखन भी उनके भाषण की ही भाँति हृदय को हिला देने वाला होता था। उनका लेखन, पाठक के हृदय को प्रभावित करने वाला होता था। संक्षेप में, उनके शब्द मोती जैये सुन्दर होते थे और लेखन सोना।

एक क्रांतिकारी

यद्यपि प्रथम दर्शन में मालवीय जी जीवन संबंधी पुरानी मान्यताओं से चिपके हुए आदर्शवादी दिखलाई पड़ते थे फिर भी वे महान क्रान्तिकारी थे। 13

अप्रैल 1919 को अमृतसर के (पंजाब) जलियाँवाला बाग में महान दुर्घटना हुई। एक सभा में उपस्थित असहाय श्रोतागण गोलियों से भून दिए गए। सरकार की सेना ने बूढ़े, युवक, पुरुष और स्त्री की समान रूप से निर्मम हत्या की। यह हत्या, सेना के कमांडर कर्नल डायर का काम था। इसके कारण सारे देश को धक्का लगा और वह अस्तव्यस्त हो गया। जब केन्द्रीय धारासभा की शिमला में बैठक हुई तो मालवीय जी बड़ी बुद्धिमानीपूर्वक और गहरी भावना के साथ कत्ल के बारे में छः घंटों तक बोले। धारा सभा के अंग्रेज सदस्यों ने भी मालवीय जी की वकृत्वशक्ति की मुक्त कंठ से प्रशंसा की। प्रादेशिक सरकार असहाय होकर सारी घटनाओं को देखती रही। जब मालवीय जी ने इन घटनाओं के बारे में सुना तो उन्हें भारी धक्का लगा। जब उनसे पूछा गया कि उन हिन्दुओं को कैसे पुनः हिन्दू बनाया जा सकता है कि जिन्हें मुसलमानी धर्म स्वीकार करना पड़ा तो वे बोले-राम नाम और गंगाजल ये दोनों पर्याप्त हैं। हिन्दुओं को संगठित करने के लिए उन्होंने अथक परिश्रम किया गया था। उसी समय उन्होंने हिन्दू-मुस्लिम एकता के लिए भी कार्य किया। उन्होंने घोषणा की यदि “हरिजनों” की उन्नति नहीं की जाती है तो भारत कभी तरक्की नहीं कर सकता। पिछड़ी जातियों, गरीबों, विधवा युवतियों तथा अशिक्षित ग्रामीणों को ऊपर उठाने के उपायों के बारे में वे हमेशा चिन्तन करते रहते थे।

यात्रा का अन्त

मालवीय जी पूरे सौ वर्ष जीवित रहना चाहते थे। किन्तु ईश्वर की इच्छा कुछ और ही थी। नोआखली की भीषण घटनाओं ने उनके शरीर और दिल को जर्जरित कर दिया। वे उस धक्के को सहन न कर सके। इस दिमागी गहरे धक्के की स्थिति में 12 नवंबर 1946 को पं. मदन मोहन मालवीय का स्वर्गवास हो गया।

मालवीय जी की शिक्षाएँ

उस सर्वोपरि में आस्था (विश्वास) रखो। प्राणिमात्र पर दया करो। गरीब और कमजोरों से सहानुभूति रखो। स्त्रियों का सदा सम्मान करो। जो दुख में है उनके साथ सहानुभूति रखो तथा उन्हें यथासंभव हर प्रकार की मदद

पहुँचाओं, किसी के प्रति भी क्रूर मत बनों। शुद्ध जीवन बिताओ। पवित्र गाय की रक्षा करो। दूसरे के धन की कामना मत करो। शुभ कामों की अच्छा परिणाम होता है और बुरों का बुरा। सदा आत्मविश्वास रखो। दूसरों की बुराई मत करो। जब मतभेद हो तो दूसरों के विचारों का सम्मान करो। किसी से डरो मत और न किसी को डराओ। भारत हमारी मातृभूमि है। इसे भगवान का आशीर्वाद प्राप्त है और यह पवित्र भूमि है। न्यायमुक्त और चारिर्त्यपूर्ण काम करो। भारत को हिन्दुस्तान के नाम से भी जाना जाता है। इस देश में जन्मे लोग भाग्यशाली हैं।

हिन्दू धर्म महान धर्म है। हिन्दू तत्वदर्शन के अनुसार देवों ने यह सिद्धांत बनाया है कि, मनुष्य को सदा शुद्धाचरण, भौतिक समृद्धि, आनंद और मुक्ति की ओर ध्यान देना चाहिए। इन उद्देश्यों की प्राप्ति के लिए मनुष्य जीवन को चार आश्रमों में विभाजित किया गया है- ब्रह्मचर्याश्रम, गृहस्थाश्रम, वानप्रस्थाश्रम और संन्यास। इनके पालन से मानव जाति का कल्याण हो और मानवीय सांस्कृतिक मूल्य सदा प्रस्थापित हों।

यदि मनुष्य अपने ही सुख के लिए जिन्दा रहता है तो वह जानवरों से अधिक अच्छा नहीं है। उसे अपने देश के लिए, धर्म के लिए और दूसरों के लिए जिंदा रहना चाहिए। सारे विश्व में सबसे प्राचीन ज्ञान की राशि वेद हैं। इस दृष्टिकोण से पश्चिमी विद्वान भी सहमत हैं। वेद कहते हैं-ईश्वर के द्वारा विश्व को बनाने से पहले यहाँ केवल अज्ञान, एकदम अज्ञान था। ईश्वर प्रकाश से प्रेम करता है। मनुष्य को अपने जीवन और मन में अधिकाधिक प्रकाश खोजना चाहिए।

पंडित मदन मोहन मालवीय अकेले हुए महामना

वर्तमान समय में देश में 700 से ज्यादा विश्वविद्यालय हैं और कोई भी भारतीय विश्वविद्यालय विश्व के 200 उत्कृष्ट विश्वविद्यालय में स्थान नहीं बना पाया है। शिक्षण संस्थान को व्यवसाय के रूप में देखा जाता है जबकि मालवीय जी ने चंदा लेकर काशी हिन्दू विश्वविद्यालय की स्थापना की। गंगा और शिक्षा के सुधार के लिये भागीरथी प्रयास की जरूरत है।

उन्होंने कहा कि आज संकल्प लेने की जरूरत है कि जिस उद्देश्य से हमारे शिक्षण संस्थान स्थापित किये गये हैं, उनमें सुधार हो। राज्यपाल ने कहा कि

मालवीय अकेले महामना हैं और दूसरा महामना कोई नहीं हो सकता। उनके जीवन की प्रासंगिकता बड़े महत्व की है महामना की हैसियत समुद्र के दीप स्तम्भ जैसी है, जो हमेशा रहेगी। उनका हिन्दी भाषा के प्रति लगाव अद्वितीय था। ऊपर से वे जितने कठोर थे, दिल से उतने ही स्नेहमयी थे। वे विद्यार्थियों को अपने पुत्र के समान मानते थे। उन्होंने कहा कि मालवीय जी के विचारों से जीवन और सामाजिक जीवन में शुद्धता बढ़ती है।

श्री नाईक ने मदन मोहन मालवीय व पूर्व प्रधानमंत्री, अटल बिहारी बाजपेयी को भारत रत्न दिये जाने पर देश के राष्ट्रपति, डा. प्रणव मुखर्जी व प्रधानमंत्री, नरेन्द्र मोदी को धन्यवाद देते हुए कहा कि यह सुखद संयोग है कि दोनो अद्भुत व्यक्तित्व के महानुभावों को उनके जन्मदिन पर उचित सम्मान मिला है। उन्होंने अटल बिहारी बाजपेयी के व्यक्तित्व के बारे में चर्चा करते हुए कहा कि उनका सम्मान सभी करते थे और स्वयं उनका अटल जी के साथ 45 वर्षों से ज्यादा समय तक काम करने का सौभाग्य मिला है।

राज्यपाल ने इस अवसर पर मालवीय जी की प्रतिमा पर माल्यार्पण कर श्रद्धांजलि अर्पित की तथा एक स्मारिका का भी विमोचन किया। समारोह में शाल, श्रीफल व स्मृति चिन्ह प्रदान कर राज्यपाल का सम्मान किया गया। कार्यक्रम में मिशन के राष्ट्रीय संगठन मंत्री, आर.एन. वर्मा ने मिशन की गतिविधियों का विवरण प्रस्तुत किया। उन्होंने बताया कि वर्ष 2016 में बी.एच.यू. के 100 वर्ष पूर्ण होने पर शताब्दी वर्ष मनाया जायेगा।

दूरदृष्टा, महान भिक्षुक महामना मालवीय

महामना पंडित मदन मोहन मालवीय की दूरदृष्टि का परिचय का यह ज्वलंत प्रमाण है कि जब पूरा देश आजादी की लड़ाई लड़ने के बाद भी संशय में था तब महामना ने स्वाधीनता का मिलना तय मानते हुए वर्ष 1916 में बीएचयू की स्थापना की थी। आजाद भारत के विकास व पुनर्निर्माण के लिए इंजीनियरों की भारी जरूरत को देखते हुए सन 1918 में ही देश का पहला इंजीनियरिग कालेज भी बीएचयू में स्थापित कर दिया। बीएचयू से निकले वैज्ञानिकों, खासकर इंजीनियरों ने ही विज्ञान व तकनीक के क्षेत्र में देशभर में काम किया।

महामना, ऐसे महान भिक्षुक थे जिन्होंने भावी पीढ़ी के लिए बीएचयू जैसे विशाल शैक्षणिक संस्थान को सिर्फ लोगों से दान मांगकर स्थापित किया। इस परिसर को तब के मुख्य अभियंता प. गंगाराम ने अष्टमी के चंद्रमा का स्वरूप दिया था। 1300 एकड़ में फैले बीएचयू परिसर में एक अद्भुत बात यह भी है कि यहाँ प्राथमिक से लेकर उच्च शिक्षा तक की व्यवस्था है।

बीएचयू को शिक्षा का समृद्ध केंद्र बनाने के लिए उन्होंने तब के महान शिक्षकों को अनुनय-विनय कर यहाँ से जोड़ा, जिसमें बीएचयू के पूर्व कुलपति सर्वपल्ली राधाकृष्णन भी शामिल थे तो पहले कुलपति और महामना के गुरु डा. सर सुंदरलाल भी।

इंजीनियरिग है बीएचयू की देन

देश का पहला इंजीनियरिग शिक्षण संस्थान, आजादी के पूर्व ही महामना ने बीएचयू में स्थापित किया तो उसके बेहतर परिणाम बाद में सामने भी आए। तब कई विदेशी इंजीनियरों को बतौर शिक्षक यहाँ रखा गया था। बाद में देश भर में जहाँ कहीं इंजीनियरिग के शिक्षण संस्थान खुले, उनके संस्थापक बीएचयू से पढ़कर निकले इंजीनियरिग के छात्र ही रहे।

दान में लिया विमान

महामना बीएचयू में हर विधा की पढ़ाई कराने के लिए अंतिम दम तक प्रयासरत रहे। इसके लिए उन्होंने ब्रिटिश हुक्मरानों से समय समय पर लोहा भी लिया और मदद भी। इसी क्रम में एयरोनाटिक्स इंजीनियरिग की पढ़ाई के लिए उन्होंने अंग्रेजों से द्वितीय विश्वयुद्ध में उपयोग किए गए स्पाइट फाइटर प्लेन को दान में लिया। यह विमान आज भी विश्वविद्यालय के हेलीपैड मैदान पर मौजूद है।

आमरण अनशन कर बंद कराई पशुबलि

महामना पं. मदन मोहन मालवीय ने मानवता और शैक्षणिक संप्रभुता के लिए कई आयाम स्थापित किए। इसी कड़ी में उन्होंने मंदिरों में दी जाने वाली पशुबलि को समाप्त करने का बीड़ा उठाया और इसे पूरे देश में बंद कराकर ही माने।

महामना मालवीय बीएचयू की स्थापना के बाद उसके विस्तार के लिए पूरे जिले का भ्रमण कर रहे थे। जहाँ से भी सहयोग मिलता उसे ग्रहण कर लेते। इसी क्रम में चालीस के दशक में मालवीय जी एक दिन दुर्गाकुंड स्थित दुर्गा मंदिर में गए जहाँ पशुबलि होते देखी। वह बेहद नाराज हुए और तत्काल मंदिर प्रांगण में ही बेमियादी आमरण अनशन पर बैठ गए।

सदियों से चली आ रही इस परंपरा पर रोक लगाने की कवायद शुरू करने पर उन्हें स्थानीय भक्तों का भी भारी विरोध झेलना पड़ा। यहाँ तक कि लोग उनकी जान के भी प्यासे हो गए। इससे बेपरवाह महामना पशुबलि पर रोक के लिए अड़े रहे। उन्हें मनाने काशी नरेश भी पहुँचे, लेकिन मालवीय जी मानने को तैयार नहीं थे। अंततः महामना के हौसलों की जीत हुई और वर्ष 1942-43 में दुर्गा मंदिर में पशुबलि पर रोक लगा दी गई।

इस पहल के बाद काशी स्थित मां कूष्मांडा देवी का दुर्गा मंदिर धाम देश का पहला गैर पशुबलि वाला मंदिर बन गया। बाद में यहाँ से प्रेरणा लेकर देश के अन्य देवी स्थानों पर होने वाली पशुबलि पर भी रोक लगा दी गई। पूरे घटनाक्रम में इस पहलू को नजरअंदाज नहीं किया जा सकता कि महामना ने यह आंदोलन अपने देश की सरकार के समक्ष नहीं, बल्कि अंग्रेजी हुकूमत के समक्ष किया था।

धर्म और आधुनिकता के संतुलन का संदेश थे मालवीय

धर्म को साथ लेकर विकास और आधुनिकता का सफर कैसे पूरा करना है इसका शानदार तरीका मदन मोहन मालवीय ने सामने रखा था। उन्होंने यह भी अच्छी तरह समझा था कि आध्यात्मिक ही नहीं, सांस्कृतिक, आर्थिक और औद्योगिक विकास के लिए भी सशक्त शिक्षा व्यवस्था ही किसी देश का आधार हो सकती है।

कट्टरता को लेकर आज चल रही तमाम बहस के बीच "भारत रत्न" मालवीय की ये सीख सबसे अधिक प्रासंगिक हो जाती है। पूर्व केंद्रीय मानव संसाधन विकासमंत्री और भाजपा नेता मुरली मनोहर जोशी कहते हैं कि पिछली शताब्दी के पूर्वार्ध में देश में बड़े उद्योगों और कारखानों की स्थापना मुमकिन हो सकी तो इसमें मालवीय जी की दूरदृष्टि का बड़ा योगदान है। उन्होंने एक अंतर्राष्ट्रीय स्तर के शिक्षण संस्थान के रूप में बनारस हिंदू विश्वविद्यालय का

सपना तो देखा, मगर उसे धार्मिक या आध्यात्मिक और नैतिक शिक्षा तक सीमित नहीं रखा।

पश्चिम में हो रहे वैज्ञानिक और तकनीकी विकास पर आधारित आधुनिक शिक्षा को ही उन्होंने बनारस हिंदू विश्वविद्यालय का आधार बनाया। शिक्षा में धर्म को लेकर अपने नजरिये को उन्होंने इस तरह स्पष्ट किया, "हिंदू हों या मुसलमान और चाहे उन्हें बनारस हिंदू विश्वविद्यालय में पढ़ाया जाए या अलीगढ़ मुस्लिम विश्वविद्यालय में, लेकिन उन्हें धर्म की सचाई बताई जाए तो वे ऐसे व्यक्ति बनेंगे जो अगर अपने धर्म के प्रति सच्चे होंगे तो अपने ईश्वर और देश के लिए भी होंगे।"

स्वतंत्रता आंदोलन के महत्वपूर्ण सिपाही मालवीय ने उसी दौरान हिंदू महासभा की स्थापना कर अंग्रेजों की "फूट डालो शासन करो" की नीति को भी टक्कर दी। वे लगभग पांच दशक तक कांग्रेस से जुड़े रहे और चार बार इसके अध्यक्ष बने। उन्होंने हिंदू धर्म में जाति प्रथा और महिलाओं की बुरी स्थिति को सुधारने पर भी काफी जोर दिया। राष्ट्रीय और सामाजिक बदलाव के लिए उन्होंने पत्रकारिता को बेहद जरूरी माना। अदालतों के काम-काज में हिंदी को लागू करवाने में उनकी अहम भूमिका रही।

जातिवाद की बेड़ियाँ तोड़ने वाले मालवीय जी

पंडित मदन मोहन मालवीय महान स्वतंत्रता सेनानी, राजनीतिज्ञ और शिक्षाविद् ही नहीं बल्कि एक बड़े समाज सुधारक भी थे जिन्होंने देश से जाति प्रथा की बेड़ियाँ तोड़ने के लिए कई प्रयास किए। पच्चीस दिसंबर 1861 में इलाहाबाद में जन्मे पंडित मदन मोहन मालवीय अपने महान कार्यों के चलते महामना कहलाए। वह तीन बार भारतीय राष्ट्रीय कांग्रेस के अध्यक्ष रहे। पहली बार वह 1909 में कांग्रेस के अध्यक्ष बने और 1910 तक इस पद पर रहे। दूसरी बार 1918 से 1919 और तीसरी बार उन्होंने 1932 से 1933 तक अध्यक्ष के रूप में पार्टी की कमान संभाली।

उन्हें एशिया के सबसे बड़े आवासीय विश्वविद्यालय बनारस हिन्दू विश्वविद्यालय के संस्थापक के रूप में जाना जाता है। वह 1912 में इंपीरियल लेजिसलेटिव काउंसिल के सदस्य बने। 1919 में इसे सेंट्रल लेजिसलेटिव असेंबली के रूप में परिवर्तित कर दिया गया और मालवीय जी 1926 तक इसके सदस्य

रहे। इतिहासकार वीसी साहू के अनुसार हिन्दू राष्ट्रवाद के समर्थक मदन मोहन मालवीय देश से जातिगत बेड़ियों को तोड़ना चाहते थे। उन्होंने दलितों के मंदिरों में प्रवेश निषेध की बुराई के खिलाफ देशभर में आंदोलन चलाया।

मालवीय ने गांधीजी के असहयोग आंदोलन में बढ़.चढ़कर भाग लिया। 1928 में उन्होंने लाला लाजपत राय, जवाहर लाल नेहरू और अन्य स्वतंत्रता सेनानियों के साथ मिलकर साइमन कमीशन का जबर्दस्त विरोध किया और इसके खिलाफ देशभर में जनजागरण अभियान चलाया। महामना तुष्टीकरण की नीतियों के खिलाफ थे। उन्होंने 1916 के लखनऊ ऐक्ट के तहत मुसलमानों के लिए अलग निर्वाचक मंडल का विरोध किया।

वह देश का विभाजन नहीं होने देना चाहते थे। उन्होंने गांधीजी को आगाह किया था कि वह देश के बंटवारे की कीमत पर स्वतंत्रता स्वीकार न करें। मालवीय जी ने कई अखबारों की स्थापना की और सत्यमेव जयते के नारे को जन-जन में लोकप्रिय बनाया। उन्होंने 1931 में पहले गोलमेज सम्मेलन में देश का प्रतिनिधित्व किया। वह आजीवन देश सेवा में लगे रहे और 12 नवम्बर 1946 को उनका निधन हो गया।

9

विचार एवं दर्शन

महामना पण्डित मदन मोहन मालवीय आधुनिक भारत के उन विभूतियों में से एक थे जिनका जीवन सर्वभूत के हित के लिए समर्पित था। वे सनातन धर्म के मूर्तरूप थे। उनका पूरा जीवन धर्म ही था। गीता एवं भागवत का वे जीवन भर पारायण करते रहे। 'गीता' को वे दुनिया का सर्वश्रेष्ठ ग्रन्थ मानते थे क्योंकि यह मनुष्य को न्यायपूर्वक जीवन बिताने के लिए प्रेरित करती है। यह केवल अध्यात्म की ही शिक्षा नहीं देती, सांसारिक व्यवहार की भी शिक्षा देती है। महामना के शब्दों में- "जैसे अंधेरे में लालटेन हमें प्रकाश देती है और हमें ठीक मार्ग बताती है, ठीक उसी प्रकार गीता भी हमें कर्त्तव्य और अकर्त्तव्य का ज्ञान कराती है। यह हमें आध्यात्मिक और सांसारिक दोनों का ऊँचे से ऊँचा उपदेश देती है।" संभवतः इसीलिए स्वतंत्र आंदोलन के सभी महान नेता गीता से प्रभावित हुए थे। उनमें महामना मालवीय, तिलक और महात्मा गाँधी का नाम विशेष रूप से उल्लेखनीय है। मालवीय जी गीता पर प्रवचन देते समय कहते थे कि गीता सामान्य जन के दैनन्दिन जीवन का अनमोल ग्रन्थ है। संकटकाल का यह सबसे बड़ा साथी है। उन्हीं के शब्दों में- "संसार में झगड़े होते हैं, उपद्रव होंगे और होते हैं। ऐसे संसार एवं ऐसी स्थिति में जीवन लाभ देने वाला अमूल्य ग्रन्थ 'गीता' ही है। इसमें धर्म और राजनीति का मेल है। पृथ्वी मण्डल पर ऐसी पुस्तक नहीं है, जब आपत्ति हो तब गीता से उत्तर पूछे और अनुकूल उपाय करे।" मालवीय

जी की तरह महात्मा गाँधी भी कहते हैं कि- ''जब-जब हम मुसीबत में पड़ते हैं तब-तब अपनी मुसीबत दूर करने के लिए गीता की शरण में जाते हैं और उससे आश्वासन लेते हैं।'' चूँकि गीता समस्याओं के समाधान का शास्त्र है इसलिए मालवीय जी गीता का प्रचार दुनिया के सभी नगरों एवं गाँवों में करना चाहते हैं। उनकी सोच थी कि ऐसा करने से अन्याय का दमन होगा और लोक का मंगल होगा।

महामना मालवीय जी का कहना है कि सनातन धर्म के सभी धर्म ग्रंथ परमात्मा को एक एवं अद्वितीय मानते हैं। उस एक ही परमात्मा को विद्वान् अनेक नामों से पुकारते हैं। वे कहते हैं कि उसी एक तत्व को हम ईश्वर, परमेश्वर, परब्रह्म, नारायण, भगवान वासुदेव, शिव, राम, कृष्ण, विष्णु, जिहोवा, गॉड, खुदा, अल्लाह आदि को सहस्र नामों से पुकारते हैं।

उनका ईश्वर सृष्टि के कण-कण में व्याप्त है। कोई भी ऐसा जीवधारी नहीं है जिसमें वह समान रूप से वास न करता हो। वे कहते हैं कि भगवान् स्वयं गीता में कहते हैं कि हे अर्जुन! ईश्वर सभी जीवों के हृदय में विराजमान रहते हैं। वे वेदव्यास के इस मत को स्वीकार करते थे कि ब्रह्म की ज्योति अपने भीतर ही है, अन्यत्र नहीं है, और वह सब जीवधारियों में एक समान है। उनका कहना था कि चूँकि उसका वास समस्त प्राणियों में है इसलिए हमें प्राणिमात्र से प्रीति करनी चाहिए और सभी जीवधारियों को प्रेम की दृष्टि से देखना चाहिए। उन्हीं के शब्दों में-

"यदि आप यह याद रखेंगे कि परमात्मा विद्यमान है और वही सभी जीवधारियों में विद्यमान है तो उस ईश्वर तथा अपने अन्य जीवधारी भाइयों से आपका सच्चा सम्बन्ध सदा बना रहेगा।" वे विवेकानन्द की तरह मनुष्यों की सेवा को ईश्वर की सर्वोतम सेवा मानते थे। उनका कहना था कि जो ईश्वर की दी हुई शक्तियों को प्राणिमात्र की सेवा में नहीं लगाता, वह चोर है।

महामना मानते थे कि सनातन धर्म प्राणिमात्र में समता का भाव सिखाता है इसलिए उसकी दृष्टि में मनुष्यों में छोटा और बड़ा का भेद नहीं है। वे कहते हैं कि इस भाव को भगवान् कृष्ण ने गीता में स्पष्ट रूप से व्यक्त कर दिया है- ''मैं सभी प्राणियों में-दड़ेचय-दड़ेचय एक समान हूँ।'' और भी- ''पंडित लोग विद्या और विनय से युक्त ब्राह्मण में, गौ-बैल में, कुत्ते में और

चाण्डाल में समदर्शी होते हैं।" उनकी धारणा है कि ऐसे लोग सबके सुख-दुःख को एक जैसा समझते हैं। क्योंकि वे समत्व को प्राप्त कर चुके होते हैं। समत्व प्राप्त करने का अर्थ अपने वास्तविक स्वरूप का बोध कर लेना होता है। जब मनुष्य शरीर, इन्द्रिय आदि की विषमता से अपने में-दइेचय-दइेचय विषमता और भेद मानने लगता है तभी अशान्ति, वैमनस्य एवं विग्रह आदि फैलता है। परन्तु जब वह समझ लेता है कि मैं उनसे पृथक् हूँ, तब वास्तविक आत्मस्वरूप जानकर वह सर्वत्र समबुद्धि और प्रेमभावना रखता है। मालवीय जी के शब्दों में- "यह मनुष्य की व्यक्तिगत आत्मा नहीं है, यह उसकी उच्च महान आत्मा है, यह विश्वात्मा है।" सच्चिदानन्द स्वरूप परमात्मा का बोध सभी अनर्थों को मिटा देता है। इसलिए कि "वही हममें और तुममें है- अब हौं कासौं वैर करौं।" यदि वही परमात्मा सब में है तो अशान्ति और संकट का प्रश्न ही नहीं खड़ा होता।

महामना मालवीय जी की दृष्टि में सनातन धर्म का लक्ष्य समाज में समता लाना है। वे समता को कोरा आदर्श ही नहीं मानते अपितु धरती पर उतारकर उसे लोकोपयोगी बनाते हैं। संभवतः इसीलिए प्रसिद्ध दार्शनिक प्रोफेसर एस.के. मैत्रा उन्हें व्यावहारिक वेदान्ती कहते हैं। प्रो. मैत्रा के शब्दों में- " मालवीय जी ने अपने चरित्र में न केवल व्यावहारिक वेदान्ती के आदर्श को, जिसे गीता में ज्ञान-विज्ञान-तृप्तात्मा कहा गया है, को समाहित किया था बल्कि उन्होंने ज्ञान और विज्ञान के माध्यम से आत्मतुष्टि प्राप्त की थी। इतना ही नहीं, भागवत (11.19.13) में जिस ज्ञान, विज्ञान, वैराग्य, श्रद्धा और भक्ति को जीवन का लक्ष्य बताया गया है उसे उन्होंने अपने जीवन में उतारा था।" मालवीय जी चाहते थे कि प्रत्येक मानव उपर्युक्त आदर्शों से युक्त होकर आध्यात्मिक जीवन जीते हुए देश एवं समाज को समग्र दृष्टि से शक्तिशाली बनाने में योगदान दे। इसीलिए वे विद्यार्थियों से कहते थे- "खूब गड़कर, जमकर मेहनत करो और अपने उच्च और पवित्र आदर्श को कभी मत भूलो। शास्त्र और शस्त्र, बुद्धिबल और बाहुबल दोनों का उपार्जन करो।"

उनका कहना था कि इसके लिए तप की आवश्यकता है। तप से केवल शारीरिक बल में-दइेचय-दइेचय ही वृद्धि नहीं होती अपितु मानसिक और आध्यात्मिक बल में भी वृद्धि होती है। वे कहते हैं- "तप से अभ्युदय और निःश्रेयस, स्वर्ग और मोक्ष, धन और संपत्ति, नाम और यश, बल और

पराक्रम, सुख और शान्ति, राज्य और अधिकार सबकी ही प्राप्ति होती है और होगी।''

मालवीय जी गीता के निष्काम कर्म के आदर्श पर विशेष बल देते थे। उनका कहना था कि जो लोग निष्काम भाव से काम नहीं करते उन्हें अपने कार्यों में सफलता नहीं मिलती। वे यह भी कहते थे कि ऐसे लोग आपस में मिलकर किसी कार्य का संपादन भी नहीं कर सकते। ''कारण यह कि एक समझता है कि 'इससे अमुक का हित हो रहा है, मैं इसमें क्यों अपना समय और शक्ति नष्ट करूँ?' ऐसा ही दूसरा समझता है और ऐसा ही तीसरा। परिणाम यह होता है कि उन लोगों में परस्पर ईर्ष्या और द्वेष उत्पन्न हो जाते हैं और कार्य सफल नहीं होने पाता।'' इसलिए वे कहते हैं कि जहाँ निष्काम भाव से काम होता है, वहाँ लोग एक दूसरे की सफलता देखकर प्रसन्न होते हैं और उनमें एक दूसरे के प्रति प्रेम और सहानुभूति का भाव उत्पन्न होता है तथा कार्य में शीघ्र सफलता मिलती है। यह भाव सामाजिक हित का भाव प्रस्तुत करता है। मालवीय जी के शब्दों में ''निःस्वार्थ भाव से जनकल्याण के निमित्त किया कार्य ही निष्काम कर्म कहलाता है।'' वे कहते हैं कि सकाम भाव से जो कर्म करते हैं वे विपत्ति आने पर काम से विमुख हो जाते हैं। लेकिन निष्काम भाव से काम करने वाले लोग लाख विपत्ति आने पर अपने-अपने कार्यों से विमुख नहीं होते क्योंकि वे उसे ईश्वर का काम मानते हैं। उन्हें यह विश्वास है कि चूँकि यह ईश्वर का कार्य है इसलिए विन बाधाएँ उनका कुछ भी नहीं बिगाड़ सकतीं। वे विवेकानन्द की तरह निष्काम सेवा को ईश्वर की आराधना मानते थे। उनकी दृष्टि में निष्काम कर्म जीवनोत्कर्ष और लोककल्याण का प्रमुख साधन है।

महामना मालवीय जी को महाभारत का यह कथन बहुत ही व्यावहारिक लगता था कि जो कार्य अपने लिए अहितकर हो, उसे दूसरे के लिए न करें। उनका मानना था कि इसके प्रतिपादन से देश की उन तमाम समस्याओं का समाधान हो सकता है जो देश को कमजोर करने में लगी हैं। वे कहते थे कि हमारा लक्ष्य ऐसा होना चाहिए जिससे अपनी भी उन्नति हो और दूसरों का भी कल्याण हो। किसी का अमंगल न हो। इसीलिए उन्हें निम्न प्रार्थना बहुत ही प्रिय लगती थी—

सर्वे च सुखिनः सन्तु सर्वे सन्तु निरामयाः।
सर्वे भद्राणि पश्यन्तु मा कश्चिद् दुःखभाग् भवेत ॥

मालवीय जी ईश्वर को मनुष्य के स्तर पर नहीं उतारना चाहते हैं, बल्कि मनुष्य में ही ईश्वरत्व पैदा करना चाहते हैं। वे कहते हैं कि- "मनुष्यत्व का विकास ही ईश्वरत्व और ईश्वर है। मनुष्य का मानसिक, नैतिक और आध्यात्मिक जीवन केवल ईश्वरत्व से ही विकास प्राप्त करता है और उसी में लीन होता है।" वे हमारा ध्यान एक ऐसे तथ्य की ओर खींचते हैं जो बहुत ही महत्वपूर्ण है। वे कहते हैं कि यदि कोई मनुष्य को विचार करने से रोकता है, उसे स्वतंत्र विचार प्रकट करने में बाधा डालता है, सामाजिक, आर्थिक और राजनैतिक मामलों में उसके योगदान की अवहेलना करता है तो इसका तात्पर्य यह है कि वह उसकी हत्या करता है। वह उसमें ईश्वरत्व का प्रादुर्भाव नहीं होने देना चाहता है। उनका मानना है कि यदि कोई व्यक्ति सामाजिक और राजनैतिक उन्नति में सहयोग दे रहा है, दूसरे के लाभ के लिए अपने लाभ का परित्याग कर रहा है तथा परोपकार एवं देश के हित के कार्यों में संलग्न है तो इसका तात्पर्य है कि वह मनुष्य ईश्वर से उसके ईश्वरत्व में हिस्सा बँटा रहा है। लेकिन मालवीय जी कहते हैं कि पराधीन देश में ऐसा होना संभव नहीं है। क्योंकि पराधीन देश में ऐसे कार्यों को राजद्रोह की श्रेणी में रखा जाता है। ऐसी परिस्थिति में मनुष्य में सर्वहितैषिता और सम्पूर्ण सत्यता का पनपना संभव नहीं हो पाता है। उसका ह्रास हो जाता है। वह अपने साथ-साथ ईश्वर को भी खो देता है। इसलिए मालवीय जी पराधीनता से मुक्ति दिलाकर देश को स्वतंत्र करना चाहते हैं।

महामना स्वतंत्रता के लिए आत्मा में विवेक का होना आवश्यक मानते हैं। जैसे ही उसमें विवेक उत्पन्न होता है वैसे ही स्थिति की भिन्नता का ज्ञान उसमें उत्पन्न हो जाता है। उन्हीं के शब्दों में- "उसमें आत्मिक बल उत्पन्न होता है और उसमें एक शक्ति का प्रादुर्भाव होता है जिसे अध्यक्षता कहते हैं। वेदान्त के मतानुसार स्वतन्त्रता का तात्पर्य इसी को प्राप्त करना या स्थिति और परिसर को विवेक द्वारा जानकर और भिन्न समझकर उसका शासन करना है। इसमें यह ध्वनि है कि उसमें आधिपत्य की शक्ति-अध्यक्षता- जागृत हो जाती है, जिससे वह कहता है- 'यह ऐसा ही होगा, यह नहीं होगा', 'इस पर अधिकार हमारा होगा' इत्यादि। जो सिद्धान्त व्यक्तिगत जीवन के लिए उपयुक्त है, वह राष्ट्रीय जीवन के लिए भी उपयुक्त है। स्वतंत्रता के लिए राष्ट्रीय आत्मा या जीवन में विवेक होना आवश्यक है। उनका कहना है कि जब राष्ट्र में विवेक एवं

अध्यक्षता करने की शक्ति उत्पन्न हो जाती है, तभी वह स्वतंत्र होता है। सारे मनुष्यों और जातियों का कर्तव्य इसी स्वतन्त्रता को प्राप्त करना है। उनकी धारणा है कि सनातन धर्म में वर्णित आत्म-सिद्धान्त को जन-जन तक नहीं पहुँच पाना ही परतंत्रता का कारण है।

महामना के अनुसार आत्मा स्वयमेव न कमजोर है, न मजबूत, न वह हिन्दू है, न मुसलमान क्योंकि इन सबसे भेद प्रगट होता है। आत्मा नाशवान् भी नहीं है क्योंकि जो नाशवान् होता है वह सांसारिक होता है। "आत्मा आन्तरिक है, वह बदलती नहीं, उसका नाश नहीं होता वह हत्या नहीं करती, न कोई उसकी हत्या कर सकता है।" अपने इस मत के समर्थन में वे गीता के श्लोकों को उद्धृत करते हैं। उनका कहना है कि इस संसार में आत्मा ही ऐसी है जो न बदलती है, न सुखी होती है, न दुःखी होती है। वह सब प्रकार के बंधनों से रहित है। वह हर प्रकार से स्वतन्त्र है। उसका जब शरीर से सम्पर्क होता है तब उसमें गुण-अवगुण दीखने लगते हैं यद्यपि उसमें गुण-अवगुण कुछ भी नहीं है। वह आईने की तरह स्वच्छ है। मालवीय जी के शब्दों में -"किसी के यह प्रश्न करने पर कि जब आत्मा अनादि है, अनन्त है, सच्चिदानन्द है, स्वतन्त्र है- तब फिर क्या कारण है कि मनुष्य को पूरा ज्ञान नहीं रहता, वह दुःख भोगता है, बन्धनों से वह जकड़ा जा रहा है, परतन्त्र रहता है? वह उत्तर देता है कि "सत्यमेव तुम स्वतंत्र हो, तुम्हारी आत्मा अनादि, अनन्त और सच्चिदानन्द स्वरूप है, परन्तु तुम्हें पूरा ज्ञान नहीं है, इससे तुम दुःखी हो। तुम बन्धनों से जकड़े हो, इसका एकमात्र कारण यही है कि तुम अपने को भूल गए हो और तुम अपने को पहचानने का प्रयत्न नहीं करते। तुम आत्मा और शरीर को एक समझते हो, तुम्हें सत् और असत् का ज्ञान नहीं है।........यदि तुम अपने को अपने शरीर, स्थिति से अलग कर सको, तभी और उसी समय तुम्हें अपना पूरा ज्ञान होगा और उसी समय तुम अपने को स्वतन्त्र, स्वच्छन्द, अनादि और अनन्त समझ सकोगे। उस समय तुम्हें पूर्ण ज्ञान हो जाएगा। तुम्हारा सब पर अधिकार हो जाएगा और तुम यह समझ सकोगे कि सब कुछ तुम्हारे भीतर है, तुम पर निर्भर है, और तुम्हीं, जो चाहो, कर सकते हो।" हमारी अन्तर्यामी आत्मा स्वरूपतः स्वाधीन है और यही हममें मुक्ति की इच्छा जागृत करती है। महामना का कहना है कि यदि हम ही बन्धन में रहेंगे तो हमारा देश स्वतंत्र कैसे होगा? पराधीनता से बढ़कर

हानिकारक वस्तु संसार में दूसरी नहीं है। इसलिए हमें बंधन से मुक्त होने के लिए प्रयत्नशील होना पड़ेगा। स्वामी विवेकानन्द भी कहते थे कि "अपनी आत्मा का अपने उद्योग से उद्धार करो।"

महामना मालवीय जी कहते थे कि जो व्यक्तिगत आत्मा के लिए ठीक है, वही जनसमुदाय की और राष्ट्रीय आत्मा के लिए भी ठीक है। वे कहते थे कि हमें हमेशा यह ध्यान रखना चाहिए कि जीव शरीर से श्रेष्ठ अवश्य है किन्तु हमें-दइेचय एक को हीन समझकर दूसरे को ही केवल महत्व नहीं देना चाहिए। उनके अनुसार "यदि शरीर पर हमारा अधिकार नहीं है, तो धीरे-धीरे आत्मा पर से भी हमारा अधिकार जाता रहेगा। क्योंकि आध्यात्मिक उन्नति के लिए शरीर का सब प्रकार से पुष्ट रहना पहली और सबसे जरूरी आवश्यकता है।" वे शरीर को परमात्मा का मन्दिर भी मानते हैं। इसलिए भी उसे पवित्र एवं पुष्ट रखना आवश्यक समझते हैं। सत्य और ब्रह्मचर्य दोनों को इसका रक्षक मानते हैं। उनका मानना है कि असत्य व्यवहार ईश्वर को अच्छा नहीं लगता क्योंकि उन्हें सत्य से बहुत ही लगाव है। इसलिए स्वप्न में भी असत्य से बचना चाहिए। वे सत्य को सबसे बड़ा धर्म भी मानते हैं। यही धर्म शरीर रूपी मन्दिर को अपवित्र होने से बचाता है। उनकी दृष्टि में शरीर की रक्षा ब्रह्मचर्य से भी होती है। क्योंकि उसमें अपार शक्ति है। "ब्रह्मचर्य ही हमें वह आत्मबल देता है जिसके द्वारा हम इस संसार में सब कष्टों और बाधाओं का साहस के साथ सामना कर सकते हैं।"

मालवीय जी का कहना है कि जो ईश्वर हमारा जन्मदाता, पालनकर्ता एवं रक्षक है उसके प्रति हमें कृतज्ञ होना चाहिए। नियमित रूप से उसकी आराधना तथा हमेशा उसका स्मरण वे प्रत्येक मानव का पुनीत कर्त्तव्य समझते थे। वे भक्तिमार्ग को सबसे सरल और उत्तम मानते थे। उनका कहना था कि हमारे दीन और अन्त्यज भाइयों के उद्धार का यही सर्वोत्तम मार्ग है। वे कहते हैं कि भगवान् कृष्ण ने गीता में स्वयं कहा है कि दुराचारी भी मुझे अनन्य भाव से भजता है तो वह मेरे लिए साधु ही है। क्योंकि अनन्य भक्ति दुराचार को शांत कर देती है। कृष्ण अर्जुन से पुनः कहते हैं कि तुम सबको यह बतलाओ कि मेरे भक्त का भला ही होता है, बुरा नहीं होता। श्रद्धावान् मत्परायण भक्त मुझको अत्यन्त प्रिय हैं। महामना कहते हैं कि जैसे माता अपनी संतान की देख-रेख करती है वैसे ही परमात्मा अपने भक्त की रक्षा करते हैं।

महामना मालवीय जी के अनुसार भक्ति-साधन के अनेक मार्ग हैं किन्तु वे उन मार्गों में से दो को सामान्य जन के लिए विशेष उपयोगी मानते हैं- प्रथम कीर्त्तन अथवा नामस्मरण एवं द्वितीय भगवान् की मूर्ति का दर्शन। उनका कहना है कि नाम का स्मरण सामान्य से सामान्य प्राणी के लिए सहज है किन्तु उसका फल बहुत बड़ा होता है। नाम के स्मरण से मनुष्य की बुद्धि ईश्वर की ओर उन्मुख होती है। उनके गुणों के स्मरण से मनुष्य के दोष और पाप छूट जाते हैं। मन पवित्र तथा प्रकाशमान हो जाता है। वे कहते हैं कि भीष्म ने भगवान् के नाम-स्मरण को ही सबसे बड़ा धर्म और तप बतलाया है। इसके उच्चारण मात्र से मनुष्य संपूर्ण दुःखों से मुक्त हो जाता है। भक्तिपूर्वक मन्दिर में देव दर्शन करने से भी लोकसुख के साथ-साथ पारलौकिक सुख की भी प्राप्ति होती है। उनका कहना है कि मन्दिर में देवदर्शन के अधिकारी सभी वर्ण के लोग हैं। वे कहते हैं कि पद्मपुराण में आया है कि मन्दिर में जो मूर्ति है, उसका दर्शन करने वाले को सब पृथ्वी का फल मिल जाता है। वे अन्य और शास्त्रों से भी अपने मत के समर्थन में उदाहरण प्रस्तुत करते हैं।

महामना कहते हैं कि भगवद्स्वरूप में 'सोऽहमस्मि' का भाव देखना चाहिए। जब यह भाव आ जाता है तब उनका दर्शन हो जाता है। मन उज्ज्वल हो जाता है। आत्म-अन्धकार और अपवित्रता दूर हो जाती है। उसका वास्तविक ज्ञान हो जाने से यह मालूम हो जाता है कि वही तो हम हैं। हम भी उसी परमात्मा की ज्योति हैं। ऐसा होने पर हम भी आनन्द स्वरूप हो जाते हैं।

शिवपूजन सहाय जी ने अपने एक लेख में यह बतलाया है कि गीताप्रवचन में महामना विशेषतः ईश्वरभक्ति, ईश्वरप्रार्थना और ईश्वरोपासना पर ही जोर देते थे। उनका कहना था कि भगवत्प्रीत्यर्थ कर्म करते हुए भी भजन सुमिरन होना चाहिए। वे भक्ति और भजन के बहाने मौलिक कर्मों से विमुख होना उचित नहीं मानते थे। वे कहते थे कि सच्ची निष्ठा के साथ किया गया कोई भी कर्म आज तक भगवान् से अपुरस्कृत नहीं रहा। वे कहते थे कि सनातन धर्म का यही संदेश है कि मानव जीवन की सार्थकता इसी में है कि जो कुछ भी करो, भगवान् को समर्पित करते चलो। महामना की आखिरी आकांक्षा यही थी कि–

न त्वहं कामये राज्यं न स्वर्गं नाऽपुनर्भवम।
कामये दुःखतप्तानां प्राणिनामार्ति नाशनम ॥

उनकी यह उक्ति युगों तक हमें प्रेरणा प्रदान करती रहेगी।

महामना मालवीय के वक्तव्य

मालवीय जी का विद्यार्थियों के लिए उपदेश था—

सत्येन ब्रह्मचर्येण व्यायामेनाथ विद्यया।
देशभक्त्यात्मत्यागेन सम्मानार्हः सदा भव ॥

अर्थात् सत्य, ब्रह्मचर्य, व्यायाम, विद्या, देशभक्ति तथा आत्मत्याग द्वारा अपने समाज में सदा सम्मान के योग्य बनो। मालवीय जी चाहते थे कि विद्यार्थी सदा सत्य का आचारण करें ब्रह्मचर्य और व्यायाम द्वारा अपनी जीवन शक्ति को परिपुष्ट करें नियमित रूप से विद्याध्ययन कर अपनी बौद्धिक शक्ति का विकास करे स्वयं में अपने कुटुम्ब तथा अपने राष्ट्र की सेवा करने की क्षमता पैदा करें। सदा शुद्ध रहें और शील का पालन करें। अपने सद्व्यवहार के साथ अपने विद्यालय का गौरव बढ़ायें गुरुजनों का आदर करें। सहपाठियों के साथ सौहार्दपूर्ण व्यवहार करें छोटे कर्मचारियों के साथ सहानुभूति और प्रेम का व्यवहार करें। अपने से छोटों की सेवा अपना कर्तव्य समझें दूसरों के प्रति कोई ऐसा आचरण न करें, जिसे वह स्वयं अपने प्रति किया जाना अनुचित समझें। उन कार्यों से डरें जो त्याज्य हैं मातृभूमि से प्रेम करें। जनता की सुख वृद्धि करें जहाँ कहीं भी अवसर मिले भलाई करें। वे चाहते थे कि विद्यार्थी अपने अवकाश तथा छुट्टियों में गावों में जाकर गांव वालों के साथ काम करें अविद्यारूपी अन्धकार को जो हमारी अधिकांश जनता को आच्छादित किए हुए हैं ज्ञान के प्रकाश से दूर करें।

वे चाहते थे कि शिक्षित भारतीय शिक्षा सहनशीलता क्षमा तथा निःस्वार्थ सेवा के भाव को अपने जीवन में विकसित कर अपने छोटे भाइयों के उत्थान के लिए अपना अधिक से अधिक समय तथा शक्ति लगावें उनके साथ मिलकर काम करें उनके शोक तथा आनन्द में उनका हाथ बटावें और जीवन को दिनों दिन सुखमय बनाने का प्रयत्न करें। वे तो वास्तव में यह भी चाहते थे कि हम ईश्वर का स्मरण रखें तथा यह विश्वास रखते हुए कि ईश्वर सभी प्राणियों में विद्यमान है अन्य जीवधारियों से अपना सच्चा सम्बन्ध स्थापित करें।

1929 में दिए गए दीक्षान्त भाषण से।

'धर्माधृत मानवता'

मालवीय जी की भागवत पर दृढ़ निष्ठा थी। भागवत में प्रतिपादित अद्वैतवाद और ईश्वरवाद का तथा भक्ति और निष्काम सेवा का सामंजस्य उन्हें स्वीकार था। ईश्वर पर उनकी अचल अगाध विश्वास नित्य नियमित रूप से उसकी आराधना तथा सदा उसका स्मरण वे प्रत्येक मानव का पुनीत कर्तव्य समझते थे। वे ईश्वर को सम्पूर्ण सृष्टि का कर्ता, नियन्ता तथा व्यवस्थापक, सारे विश्व का "साक्षात्कारकर्ता" समझते थे। उनके विचार में यह "अद्वितीय शक्ति" निःसन्देह 'अविनाशी', 'सर्वव्यापक' "सत्यज्ञानस्वरूप" एवं "अनन्त" है। वह सभी धर्मा को मूलाधार तथा आराध्यदेव है। वे "एकमेवाद्वितीयं ब्रह्म" के सिद्धान्त को स्वीकार करते थे कि 'ज्यातिरात्मनि नान्यत्र समं तत्सर्वजन्तुषु' अर्थात् यह ज्योति अपने भीतर ही है, अन्यत्र नहीं है और सब जीवधारियों में एक, सम है। वे चाहते थे कि हम यह समझकर कि 'वह सभी में विद्यमान है,' अपने अन्य जीवधारी भाईयों से अपना "सच्चा सम्बन्ध" स्थापित करें। इस तरह वे "सर्वभूतेश्वात्मदेवताबुद्धिः" के सिद्धान्त को स्वीकार करते हुए प्राणिमात्र के साथ "आत्मोपम व्यवहार ही न्यायसंगत तथा धर्मनिष्ठो का पुनीत कर्तव्य समझते थे।

वे इस सम्बन्ध में 'श्रीमद्भगवद्गीता' के इस श्लोक को बार-बार दुहराते थे।

आत्मौपम्येन सर्वत्र समं पश्यति योऽर्जुन।
सुखं वा यदि वा दुःखं स योगी परमो मतः।। 6.32।।

हे अर्जुन ! जो व्यक्ति, चाहे दुःख हो चाहे सुख, सब स्थितियों में अपनी उपमा से सबको समान देखता है, वह परम योगी है।'

समत्व के सिद्धान्त को वे सनातन-धर्म का ऐसा मूल मन्त्र स्वीकार करते थे जिसकी सिद्धि को ज्ञानयोग, भक्तियोग, कर्मयोग, मनोयोग, नीतिशास्त्र सब ने निःश्रेयस अर्थात् आत्मोत्कर्ष और मोक्ष के लिए आवश्यक बताया है समदृष्टा। ज्ञानी, योगी, भक्त और सत्यनिष्ठ हो सकता है।

मालवीय जी कहते थे कि समत्व की आध्यात्मिक कल्पना कोरा सिद्धान्त नहीं है, वह तो साधना का मूल मन्त्र है। जीवन में उसका अवतरण सिद्धि के लिए आवश्यक है।

आत्मौपम्य निष्पक्ष व्यवहार तथा सामाजिक लक्ष्य है, जिसके बिना एक सामाजिक व्यक्ति के लिए समत्व की सिद्धि असम्भव है।

वे हमें बताते थे कि शास्त्रों में कहा गया है–

यद्यदात्मनि चेच्छेत तत्परस्यापि चिन्तयेत्।

(महाभारत, शांतिपर्व 59.22)

'जो जो बात मनुष्य अपने लिए चाहता है, उसे चाहिए कि वही-वही बात औरों के लिए भी सोचे'।

'आत्मनः प्रतिकूलानि परेषा न समाचरे

(विष्णुधर्मोत्तरपुराण 3.255.44)

दूसरों के प्रति हमको वह काम नहीं करना चाहिए, जिसको यदि दूसरा हमारे प्रति करे तो हमको बुरा मालूम हो या दुःख हो। संक्षेप में यही धर्म है, इसके अतिरिक्त दूसरे सब धर्म किसी बात की कामना से किये जाते हैं।

मालवीय जी पूजापाठ के विधि-विधान पर तथा शास्त्रों द्वारा प्रतिपादित कर्मकाण्ड पर दस करते थे तथा धर्म जिज्ञासुओं के लिए उनकी थोड़ी बहुत व्याख्या भी करते रहते थे। पर उन्हें पशुबलि आदि हिंसात्मक प्रयोगों पर विश्वास नहीं था। वे उसे तामसिक प्रक्रिया समझते थे। समत्व और निष्काम लोकसेवा पर आश्रित कर्मयोग एवं ईश्वर को सब सत्कर्मों का समर्पण और उनके द्वारा भगवान की आराधना ही उनको सर्वप्रिय थी। उनकी दृष्टि में भक्तियुक्त लोकसेवा ही अभ्युदय और निःश्रेयस की सिद्धि का सर्वश्रेष्ठ मार्ग है। सब में समान रूप से अवस्थित ईश्वर का सदभाव देखें, सबमें मित्रता का भाव रखें, और सबको हित चाहें। वे चाहते थे कि हम "दीन निर्धन देषवासियों की सेवा द्वारा ईश्वर की उपासना करें तथा सार्वजनीन प्रेम से इसका सत्यज्ञान के प्रचार से ईश्वरीय शक्ति का संगठन और विस्तार करें, जगत से अज्ञान को दूर करें, अन्याय और अत्याचार को रोकें और सत्य, न्याय और दया का प्रचार कर मनुष्यों में परस्पर प्रीति, सुख और शांति बढ़ावें।"

वे कर्मकाण्ड और नैतिकता दोनों को धर्म का अंग स्वीकार करते थे और उन्हें दोनों ही प्यारे थे। फिर भी धर्मविहित नैतिकता का प्रसार तथा उसके आधार पर सामाजिक व्यवहार का और वैयक्तिक चरित्र का परिशोधन और नवनिर्माण ही उनका मुख्य काम था। अपने चरित्र और उपदेशों द्वारा इसका विस्तार ही उनकी जीवनचर्या थी।

मालवीय जी बार-बार कहते थे कि मनु के अनुसार—

धृतिः क्षमा दमोऽस्तेयं शौचमिन्द्रियनिग्रहः।
धीर्विद्या सत्यमक्रोधो दशकं धर्मलक्षणम्।।

(मनुस्मृति 67.92)

धैर्य, क्षमा, बुरी वृत्तियों का दमन करना, शौच (अन्तः एवं बाह्य), आत्मनिग्रह, विवेक, विद्या, सत्य, क्रोध न करना- ये धर्म के दस लक्षण है—

तप की व्याख्या करते हुए मालवीय जी लिखते हैं—

"तप अपने उद्देश्य, प्रयोजन या गरज से अच्छा या बुरा, ऊँचा या नीचा, तामसिक, राजसिक और सात्विक एवं कायिक, वाचिक और मानसिक कहलाता है।" जो काम निष्काम भाव से, फल की इच्छा त्यागकर, शम, दम से सम्पन्न होकर श्रद्धा और धैर्य के साथ मन, वाणी या शरीर से किया जाता है, वह 'सात्विक तप' कहलाता है। मन को जीतना अर्थात् काम-क्रोध, लोभ-मोह से बचना और शुद्ध संकल्प युक्त रहना, किसी विषय-वृत्ति के कारण विक्षिप्त होकर भी उस पर विजय प्राप्त करना, व्यवहार कार्य में छल-कपट, धोखा और फरेब से मन को दूर रखना, मन को सात्विक बनाना 'मन द्वारा सात्विक तप' करना है। वाणी का सात्विक तप यह है कि जो वाक्य असत्य, दुःखदायी, अप्रिय और खोटा हो उसको किसी भी समय किसी भी अवस्था में मुँह से न निकालना, बल्कि प्रिय, सत्य, मीठे और मिधुर वचन बालना- यह 'वाणी द्वारा सात्विक तप' करना हे।

शरीर से अर्थात् शरीर के अवयवों से, हस्तपादादि, कामेन्द्रियों के द्वारा दूसरों की सहायता और सेवा करना, गिरे हुओं को उठाना और कष्ट की परवाह न कर, बल्कि यदि आवश्यकता हो तो धर्म और परोपकारार्थ प्राण अर्पण कर देना, यह 'काया का सात्विक तप' है। परन्तु अपनी स्तुति, मान, पूजा, सत्कार, प्रतिष्ठा और नाम या भोग-विलास के लिए इन्हीं सब कामों को मन, वाणी या शरीर द्वारा करना इनको राजसी बना देता है। जो तप अविवेक से, दूसरों को हानि पहुंचाने, दिल दुखाने, द्वेष और शत्रुता से किया जाता है -'वह तामसी है।' अभ्युदय के सम्पादकीय में उन्होंने लिखा 'इन रूपों का भिन्न भिन्न वर्णन करने से अभिप्राय यह है कि लोग अपने अपने मन, वाणी, शरीर की परीक्षा करें और सात्विक तपों को ग्रहण करते हुए राजसी और तामसी को त्याग दें।'

वह कहते थे–

निन्दन्तु नीतिनिपुणा यदि वा स्तुवन्तु
लक्ष्मीः समाविशतु गच्छतु वा यथेशत।
अद्यैव वा मरणमस्तु युगान्तरे वा
न्यायात पथः प्रविचलन्ति पदं न धीराः।।

"नीति निपुण लोग निन्दा करें या प्रशंसा, लक्ष्मी जाय या रहे, आज ही मृत्यु हो या युगान्तर में हो, परन्तु धीर पुरुष न्याय के मार्ग से विचलित नहीं होते।"

सदाचार की महिमा का वर्णन करते हुए वे कहते थे–

वांछा सज्जनसंगमे परगुणे प्रीतिर्गुरौ नम्रता
विद्यायां व्यसनं स्वयोषिति रति लोकापवादाद् भयम्।
भक्तिश्चक्रिणि शक्तिरात्मदमने संसर्गमुक्तिः खले
येऽप्येते निवसन्ति निर्मलगुणस्तेभ्यो नरेभ्यो नमः।।

"सज्जनों के सत्संग में इच्छा, पराये गुणों से प्रीति, गुरू के साथ नम्रता, विद्या में व्यसन, अपनी स्त्री में प्रीति, लोकनिन्दा से भय, विष्णु की भक्ति, आत्म-दमन की शक्ति, दुष्टों के संसर्ग से मुक्ति, ये निर्मल गुण जिनमें बसते हैं, उन महापुरूषो को नमस्कार है।"

भारतीय शास्त्रों द्वारा प्रतिपादित नैतिक नियमों तथा सदाचार की महिमा का विस्तृत दिग्दर्शन कराते हुए वे कहते हैं कि सदाचार के सेवन से, सत्कर्म करने से, शूद्र भी द्विजत्व को पहुँच सकता है और दुराचार अर्थात् बुरे कर्म के करने से ब्राह्मण भी नीचे गिर शूद्रता को पहुँच सकता है।

मालवीय जी ने बताया कि महाभारत में कहा गया है–

वर्णोत्कर्षमवाप्नोति नरः पुण्येन कर्मणा।
यथाऽपकर्ष पापेन इति शास्त्रनिदर्शनम्।।
शूद्रोऽपि शीलसम्पन्नो गुणवान् ब्राह्मणो भवेत
ब्राह्मणोअपि क्रियाहीनः शूद्रात् प्रत्यवरो भवेत।।
सत्यं दानं क्षमा शीलमानृशस्यं तपो दया।
श्यन्ते यत्र नागेन्द्र स ब्राह्मण इति स्मृतः।।
यस्तु शूद्रो सत्ये धर्मे च सततोत्थितः।
तं ब्राह्मणमहं मन्ये वृत्तेन हि भवेद् द्विजः।।

मनुष्य पुण्यकर्म से वर्ण के उत्कर्ष को पापकर्म से अपकर्ष को अर्थात् पतन को प्राप्त करता है, यह शास्त्र का निर्देश शील-सम्पन्न शूद्र भी गुणवान् ब्राह्मण के समान हो जाता है। क्रियाहीन ब्राह्मण भी शूद्र से गिरा हो जाता है। सत्य, दान, क्षमा, शील, कटुता का अभाव तप और दया जहाँ दिखाई दे, नागेन्द्र, वह ब्राह्मण है-ऐसा स्मृतियों का कहना है। जो शूद्र आत्मसंयम, सत्य, धर्म में सदा प्रगति करता हुआ हो, उसे मैं ब्राह्मण मानता हू। सदाचरण ये ही द्विज होता है।

श्रीमद्भागवत में भी सातवें स्कन्ध में ब्राह्मण, क्षत्रिय , वैश्य और शूद्र के अलग-अलग गुणों का वर्णन करते हुए नारद जी ने कहा है—

यस्य यल्लक्षणं प्रोक्क्तं पुंसो वर्णाभिव्यंजनम्।
यद्यन्यत्रापि दृश्येत त्योंनैव विनिर्दशेत।।

पुरुष में वर्ण को प्रकट करने वाला जो लक्षण कहा है, जहाँ दूसरों में भी लक्षण दिखाई दे तो उसको उसी गुणवाले वर्ण के नाम से बताना चाहिए।

मालवीय जी के विचार में "इन वचनों से यह स्पष्ट है कि यदि जन्म से ब्राह्मण होने वाला भी अपने धर्म से रहित हो जाय या कुकर्म करने लगे तो वह शूद्र से भी नीचे गिर जाता है। और शूद्र भी यदि अच्छे आचरणों को ग्रहण करे और ऊँचा पवित्र जीवन व्यतीत करने लगे तो वह भी ब्राह्मण के समान मान पाने योग्य हो जाता है।" मालवीय जी "अन्त्यजोद्धारविधि" पुस्तक में बहुत सी कथाओं और माहात्म्यों का उदाहरण देते हुए लिखा है कि इन सबका तात्पर्य यही है कि "मनुष्य चाहे पहले कैसा ही स्वाभाविक या नैमित्तिक दोषों से युक्त क्यों न हो, यदि वह मन्त्रदीक्षा, भक्तिभावना और सदाचार से सम्पन्न हो जाता है, तो वह दोष निर्मुक्त होकर सम्मान्य, आदरणीय और स्वर्ग का सामाजिक साधारण धर्माधिकारी हो जाता हे। इतना ही नहीं, बल्कि उसकी बीजसम्बन्धी और शरीरसम्बन्धी अपवित्रता चली जाती है। वे यह भी चाहते थे कि "सार्वजनिक स्थानों से वर्णभेद का प्रश्न हटा दिया जाय।"

हिन्दू धर्म के प्रति मालवजीय जी की दृढ़ निष्ठा थी। वे अपने सनातन-धर्म को सर्वश्रेष्ठ समझते थे, पर उनकी निष्ठा, सहिष्णुता, धर्मगुरूओं का आदर करना, सब धर्मनिष्ठ व्यक्तियों का कर्तव्य समझते थे। वे "मन्दिर, गुरूद्वारा, मस्जिद, गिरजाघर सबको सम्मान के काबिल'" समझते थे और वे कहते थे कि "जब मैं किसी गिरजाघर या मस्जिद के पास गुजरता हूँ, तब मेरा सिर सम्मान

से झुक जाता है।'" यद्यपि उन्होंने शुद्धि आन्दोलन को प्रोत्साहित किया, अपने धर्म का व्यापक प्रसार और शास्त्रसंगत प्रचार हिन्दुओं का कर्तव्य बताया, फिर भी उन्होंने कभी किसी दूसरे धर्म, धर्मगुरू या धर्मग्रन्थ की निन्दा की। उनका कहना था कि "मैं सदैव अपने धम्र का दृढ़ विश्वासी और पाबन्द हूँ किसी के धर्म का अपमान करने का ख्याल तक मेरे दिल में कभी नहीं आया।'" वे चाहते थे कि धर्म प्रचार का काम बहुत शांति और धैर्य से होना चाहिए। वह इस रीति से करना चाहिए कि जिससे किसी को क्लेश न पहुंचे। एक दूसरे को कटु वचन कहने से रोकना चाहिए और ऐसे उपाय सोचना चाहिए जिनसे प्रीति और मित्रता बढ़े। उन्होंने अपने धर्म की कतिपय प्रचलित पद्धतियों की यदा-कदा समीक्षा भले ही की हो, पर उन्होंने किसी दूसरे धर्म की आलोचना कभी नहीं की।

वे यह स्वीकार करते थे कि सतय और ईश्वर की आराधना सब धर्मों का मूलाधार है, कतिपय मूलभूत सद्गुण सभी धर्म विद्यमान है, जीवनसिद्धि के अनेक मार्ग हैं, मानव अपनी रूचि और परम्परा के अनुकूल अपना मार्ग निश्चित कर दृढ़ निष्ठा से उस पर चलि कर सद्गति प्राप्त कर सकता है। वे चाहते थे कि हिन्दू "पक्का हिन्दू" और मुसलमान "पक्का मुसलमान" बने, दोनों ईश्वर भक्त हो, सब अपने धर्म के सिद्धान्तों को अच्छी तौर पर समझें। उनकी धार्मिक सहिष्णुता ने वास्तव में धार्मिक सद्भावना का ऐसा अपूर्व रूप धारण कर लिया था कि उन्होंने सत्तर वर्ष की आयु में समुद्र यात्रा करते हुए जहाज में बाइबिल हाथ में लेकर पूर्ण निष्ठा के साथ ईसाईयों की उपासना में निःसंकोच भाग लिया। वे मनुष्यता को जाति-पाती और साम्प्रदायिक भेदों से ऊँचा समझते थे।

मालवीय जी स्वीकार करते थे कि शास्त्र विहित विधियों का यन्त्रवत अनुकरण निःसंदेह हानिकर है तथा हमारे नित्यकाम में कई प्रथाओं का समावेश हो गया है जो किसी प्रकार शास्त्रविहित नहीं है। वे परम्पराओं का परिशोधन था प्रगति का नियमन, समाजोत्थान और जीवनोत्कर्ष के लिए परमावश्यक समझते थे। पर उनके विचार में आधुनिक सामाजिक परिस्थिति के संदर्भ में शास्त्रों को गूढ़ अध्ययन करने पर प्रचलित परम्पराओं को शास्त्र के आधार पर भी बहुत हद तक संशोधित किया जा सकता है और उन्होंने स्वयं सुधार के काम में इसी प्रथा का सदा अनुसरण किया। उनका कहना था कि "मैं शास्त्र की रस्सी थामकर

चलता और मैं जो कुछ कहता हूँ शास्त्र की आधार पर कहता हूँ" उनकी धारण थी कि प्राचीन भारतीय संस्कृति के विष्वजनीन आदेशो को अनुसरण प्राचीन परम्पराओं की जड़ताओं को दूर कर सकता है, जीवन को मानवीय प्रगतिशील और समाजोपयोगी बना सकता है।

मालवीय जी की धार्मिक अवधारणाएं मानव कल्याण की भावना से अनुप्राणित थीं। कल्याण की वृद्धि को वे सब वर्णों और आश्रमों का लक्ष्य स्वीकार करते थे। उनके विचार में निष्काम भाव से समाज की सेवा ही परम तप और परम धर्म है। निष्काम भाव के महत्व की व्याख्या करते हुए वे कहते थे कि "जो लोग निष्काम भाव से काम नहीं करते- उन लोगों में परस्पर ईर्ष्या और द्वेश उत्पन्न हो जाते हैं और कार्य सफल नहीं होने पाता है।

किन्तु जहाँ निष्काम भाव से कार्य होता है, वहाँ लोग दूसरे की सफलता देखकर प्रसन्न होते हैं और एक दूसरे के प्रति प्रेम और सहानुभूति का भाव उत्पन्न होता है, और कार्य में शीघ्र ही सफलता प्राप्त होती है। सकाम भाव से काम करने वाले लोग यह समझकर कि जो काम हम करते हैं, वह ईश्वर का काम ही है, और इसमें ईश्वर हमारा सहायक है, किसी विन या बाधा से पीछे नहीं हटते।

तप की व्याख्या करते हुए उन्होंने कहा कि सच्चे तप का भाव उस देशभक्त में है जो अपने देश एवं अपनी जाति के गौरव और प्रतिष्ठा, कीर्ति और मान, सम्पत्ति और ऐश्वर्य की वृद्धि और उन्नति के लिए दृढ़ इच्छा रखता है। अनेक प्रकार के दुःखों , संकटों और कष्टों को सहन करने, कठिन से कठिन मेहनत और श्रम को उठाने और विघ्नों का मुकाबला करने के लिए उद्यत रहता है। सच्चे देश-प्रेमी, देशानुरागी कल्याण की इच्छा करके ,तप, अनुष्ठान करके तथा आत्मा और मन को धर्माचरण रूपी प्रचण्ड अग्नि में दग्ध करके अपने और अपने देश की अपवित्रता, मलिनता और अन्य अशुद्धियों को दूरकर जाति को आरोग्य एवं सुख-सम्पत्ति की योग्यता प्रदान करते हैं।

महामना मालवीय वचनामृतः'

पृथ्वी-मण्डल पर जो वस्तु मुझको सबसे अधिक प्यारी है, वह धर्म और वह धर्म सनातन धर्म है।

यह शरीर परमात्मा का मन्दिर है। ईश्वर को सदैव अपने भीतर अनुभव करो और इस मन्दिर को कभी अपवित्र न होने दो।

इस पवित्र मन्दिर का रक्षक ब्रह्मचर्य है। ब्रह्मचर्य ही हमें वह आत्मबल देता है जिसके द्वारा हम संसार को जीत सकते हैं।

आह्निक (डायरी) लिखने से मनुष्य को उन्नति में बहुत सहायता मिलती है। डायरी में अपना हृदय खोलकर रख दो।

सभी कार्यों में शीलवान बनों। शील ही से मनुष्य, मनुष्य बनता है। शीलं परं भूषणम् -शील ही पुरुष का सबसे उत्तम भूषण है।

पढते समय सारी दुनिया को एक ओर रख दो और पुस्तकों में, लेखक की विचारधारा में डूब जाओ। यही तुम्हारी समाधि है, यही तुम्हारी उपासना है और यही तुम्हारी पूजा है।

हिन्दू विश्वविद्यालय की संस्थापना विद्यार्थी के भीतर शारीरिक बल के साथ धर्म की ज्योति और ज्ञान का बल भरने के लिए हुई है, इसे सदैव स्मरण रखो।

हिन्दी भाषा को यदि मै आपके सामने यह कह दूँ कि यही सब बहिनों में माँ की अच्छी पहली पुत्री है, अपने माता-पिता की होनहार मूर्ति है, तो अत्युक्ति न होगी।

जब हिन्दी का सब बहिनों से सम्बन्ध है,और ऐसी जब यह बड़ी बहन है, तब इसको मानकर यदि प्रान्त-प्रान्त की भाषाओं का सेवन किया जाय तो बहुत ही उपकार होगा।

बिजली की रोशनी से रात्रि का कुछ अन्धकार दूर हो सकता है, किन्तु सूर्य का काम बिजली नहीं कर सकती। इसी भांति हम विदेशी भाषा के द्वारा सूर्य का प्रकाश नहीं कर सकते।

साहित्य और देश की उन्नति अपने देश की भाषा द्वारा ही हो सकती है। आपका भारत धर्म प्रधान देश है। इसके चारों कोनों पर चार धाम हैं। अब आप ही सोचिये कि धार्मिक

सम्बन्ध से सारे भारतवर्ष में कौन सी भाषा से काम चल सकता है। मेरी समझ में इसके लिए हिन्दी का ज्ञान बहुत आवश्यक है।

हमारे देश के भाइयों के मरने-जीने का न्याय हो, पर हो वह दूसरी भाषा में, यह कैसे आश्चर्य की बात है? वास्तव में न्याय उस भाषा में होना चाहिए जिसका एक-एक शब्द उसकी समझ में आता हो, जिसके लिए न्याय हो रहा है।

देवनागरी अक्षर संसार के सब अक्षरों से अधिक सरकल और स्पष्ट है।

"न च मातृसमो गुरूः" पिता से दस गुना दर्जा माता का है। उन्हें इतना पढ़ा दो कि वह अपनी मातृभाषा में गुणा-भाग सिखा सकें। सौ श्लोकों अथवा दोहों के रत्नों की माला पहनाकर स्कूल भेंजें, कि गुरू कह दें कि यह किस बड़भागिनी की कोख का बच्चा है।

मैं तो रेल में चलता हूँ और सन्ध्या का समय आने पर सन्ध्या कर लेता हूँ।

आप उन्हीं को खरीदिए जिनके खरीदने से अपने गरीब भाइयों को कुछ पैसा मिले।

आज भारत सन्तान "वार आफ रोजेज'" पढ़ते हैं, अपने गौरव तथा इतिहास की चिन्ता नहीं करते।

सृष्टि में जितनी जातियों का इतिहास मिला है उनमें यह हिन्दू जाति सबसे प्राचीन है।

यदि प्राचीनता से ही प्रेम है तो यह प्राचीन अवश्य है, किन्तु कोई केवल प्राचीनता के लिए आदर नहीं पा सकता। यह प्रेम के योग्य है इस बात पर इसका आदर हो सकता है।

पीपल के वृक्ष की तरह हिन्दू सभ्यता की जड़ बहुत गहरी और दूर तक फैली है। ऋषियों के तपोबल तथा वायु और जल के आहार पर की गई उनकी तपस्या ने इसकी रक्षा की और इसी में कल्पलता आज भी हरी है।

कुछ लोगों की धारण है कि बुद्ध भगवान ने धर्म का प्रचार किया था, किंतु यह भ्रम मात्र है। बुद्ध तो हमारे दस अवतारों में हैं। बड़ा मानकर ही शंकराचार्य ने बुद्ध को यतीनां चक्रवर्ती कहा। बौद्धधर्म हमारे प्राचीन बैदिक-धर्म का एक अंग है।

मनुष्य का सबसे बड़ा धन 'धर्म' है।

मनुष्य अपने कपड़ों को रोज धोता है तथापि कई दिन पहन चुकने के बाद जब कपड़ा अधिक मैला हो जाता है तो उसको चौथे, आठवें या पन्द्रहवें दिन साबुन या रीठे से धोता है या धुलवाता है और उस कपड़े की मैल जो नित्य धोने पर भी बच जाती है, वह निकल जाती है। इसी प्रकार ऋषियों ने मनुष्य मात्र के हित के लिए प्रातःकाल और सायंकाल की सन्ध्या और उपासना-विधि के अतिरिक्त पन्द्रहवें दिन एकादशी व्रत का विधान किया है।

जो पाप पुराने होकर सूख गये या जो अभी ओदे या तुरन्त के किए हैं उन सब पापों के धोने के लिए एकादशी का व्रत सबसे ऊँचा साधन है।

मनुष्य को परमात्मा ने सबसे बड़ी निधि बुद्धि दी है। जो वस्तु बुद्धि को मैली करती है या हर लेती है उसको मादक अर्थात् नशीला द्रव्य कहते हैं। मनुष्य को उचित है कि किसी प्रकार का नशीला पदार्थ कभी ग्रहण न करे।

धर्म, अर्थ, काम और मोक्ष इन चारों पदार्थों के साधन का मूल कारण आरोग्य है।

दूध पियो कसरत करो, नित्य जपो हरिनाम।
हिम्मत से कारज करो, पूरेंगे सब काम।।

मान, प्रतिष्ठा और गौरव की रक्षा के लिए प्राण अर्पण करना अच्छा मालूम पड़ता है।

रोग की अवस्था में सबका विचार रोग को दूर करने का होना चाहिये, परन्तु औषधि भोजन नहीं है।

मैं जाति के भाव से ब्राह्मण से लेकर चाण्डाल तक को भाई समझता हूँ। जाति के पक्ष से तथा जाति की ममता से हमें सब प्यारे हैं।

हम धर्म को चरित्र-निर्माण का सीधा मार्ग और सांसारिक सुख का सच्चा द्वार समझते हैं। हम देश-भक्ति को सर्वोत्तम शक्ति मानते हैं, जो मनुष्य को उच्चकोटि की निःस्वार्थ सेवा करने की ओर प्रवृत्त करती है।

शिक्षा सारे सुधारों की जड़ है।

जनता की स्थिति में उन्नति ही सुराज्य की वास्तविक परीक्षा है।

10

काल-क्रम

1. 1881 विदेशी वस्तुओं का बहिष्कार और स्वदेशी का उपयोग।प्रयाग में देशी तिजारत कम्पनी खुली,उसे सहायता पहुँचते रहे।
2. 1880 प्रयाग में हिंदू समाज की स्थापना हुई। मालवीय जी ने कालेज की पढायी चलाते हुए उसके कामों में भी पूरा सहयोग देते रहे।
3 1884 "मध्य हिंदू समाज स्थापित करके मालवीय जी हिंदू संगठन और समाज सुधार का कार्य करने लगे।
4. 1884 "हिंदू उद्धारिणी प्रतिनिधि सभा" स्थापित हुई।मालवीय जी उसके प्रधान कार्यकर्ता हो गए।
5. 1886 पहली बार कांग्रेस में शामिल हुए और ऐसा प्रभावशाली भाषण दिया कि कांग्रेस पर सिक्का जम गया,ये कांग्रेस का दूसरा अधिवेशन था,जो कलकत्ता में आयोजित हुआ था।
6. 1887 स्वदेश और हिंदू जाति के उत्थान के लिए अंतः प्रेरणा से अध्यापकी छोड़ दी।
7. 1887 हरिद्वार में भारत धर्म महामंडल की स्थापना हुई।मालवीय जी उसके महोपदेशक गिने जाने लगे।
8. 1887 कालाकांकर से निकलने वाले "हिंदोस्तान" के संपादक हुए।

9. 1889 मालवीय जी के प्रयास से प्रयाग में "भारती भवन" नामक पुस्तकालय की स्थापना हुई।
10. 1889 हिंदोस्तान का संपादन छोड़कर वकालत की पढायी शुरू कर दी।
11. 1889 पंडित अयोध्यानाथ के अँगरेजी पत्र "इंडियन यूनियन" के संपादक बने।
12. 1891 एल. एल. बी. पास कर ली 1892 इलाहाबाद जिला न्यायालय में वकालत शुरू कर दी।
13 1893 इलाहाबाद उच्च न्यायालय में वकालत शुरू कर दी।
14. 1895 देवनागरी लिपि को अदालतों में प्रवेश दिलाने के लिए युक्तप्रांत के तत्कालीन गवर्नर से मिले और उसके बाद तीन वर्ष तक लगातार उसका मसौदा बनाने में लगे रहे।हिन्दी के लिए ऐसा मसौदा आज तक किसी ने तैयार नहीं किया।
15. 1901 प्रयाग में एक हिंदू बोर्डिंग हाउस बनाने का आंदोलन उठाया।
16. 1901 इलाहाबाद म्युनिसिपल के वाइस चेयरमैन चुने गए। इस पद पर वे तीन वर्ष तक रहे।
17. 1902 प्रांतीय कौंसिल के सदस्य नियुक्त हुए।
18. 1903 प्रयाग हिंदू विश्वविद्यालय के हिंदू विद्यार्थियों के लिए कोई छात्रावास न होने से काफी असुविधा होती थी,इसके लिए मालवीय जी ने ढाई लाख के लगभग चंदा एकत्र कर के 'मेक्डोनल्ड हिन्दू छात्रावास' का विशाल भवन बनवाया।
19. 1904 हिंदू विश्वविद्यालय की स्थापना की योजना तैयार की 1905 स्वदेशी प्रचार का आंदोलन उठाया।
20. 1905 सनातन धर्म सभा (प्रयाग) के विराट अधिवेशन में हिंदू विश्वविद्यालय की योजना स्वीकृत हुई।
21. 1906 कलकत्ता में आयोजित कांग्रेस अधिवेशन में शामिल हुए ,जिसकी अध्यक्षता दादा भाई नौरोजी ने की थी।
22. 1907 स्वदेशी प्रचार आंदोलन में पूरे जोश के साथ हिस्सा लिया।
23. 1907 सूरत की कांग्रेस अधिवेशन में शामिल हुए और नरम दल और गरम दल को एक कराने का पुरजोर प्रयास किया 1907 प्रयाग से हिन्दी साप्ताहिकि 'अभ्युदय' का प्रकाशन आरंभ किया और दो वर्ष तक उसका संपादन भी किया।

24. 1908 लखनऊ की प्रांतीय राजनीतिक सम्मेलन के सभापति के रूप में हिस्सा लिया 1908 नरम दल ने "कांग्रेस" नाम छोड़कर कन्वेंशन कायम किया और उसका कंस्टिट्यूशन बनाया,जिसमे डोमिनियन स्टेट्स की माँग कांग्रेस से पहले की गयी।मालवीय जी ने इसमे खुलकर भाग लिया।
25. 1909 कांग्रेस के सभापति चुने गए 1909 विजयदशमी के दिन 'लीडर' का प्रकाशन शुरू किया।
26. 1909 प्रांतीय कौंसिल से बड़ी कौंसिल के लिए चुने गए 1909 प्रेस एक्ट का जोरदार विरोध किया 1909 बड़ी कौंसिल में गोखले के शिक्षा विधेयक को जोरदार समर्थन दिया।
27. 1910 हिन्दी साहित्य सम्मेलन का पहला अधिवेशन काशी में हुआ,जिसके सभापति मालवीय जी हुए। 1910 बड़ी कौंसिल में शर्तबंद कुलि-प्रथा का जोरदार विरोध।
28. 1911 हिंदू विश्वविद्यालय के चंदे के लिए दौरा प्रारम्भ।
29. 1914 गंगा नहर(हरिद्वार) का आंदोलन उठाया। 1914 प्रयाग सेवा समिति की स्थापना हुई, जिसके सभापति मालवीय जी हुए।
30. 1915 इम्पीरियल लेजिस्लेटिव कौंसिल में हिंदू विश्वविद्यालय का बिल पेश हुआ और पास हुआ।
31. 1916 काशी में लार्ड हार्डिज द्वारा हिंदू विश्वविद्यालय की नींव रखी गयी।
32. 1917 विलायत जाने वाले प्रतिनिधि मंडल में मालवीय जी भी थे।
33. 1918 अखिल भारतीय सेवा समिति ब्वाय स्काउट एसोसिएशन की स्थापना हुई,मालवीय जी उसके चीफ स्काउट बने 1918 रॉलेट एक्ट का जोरदार विरोध किया 1918 बंबई में आयोजित हिन्दी साहित्य सम्मेलन के नवे अधिवेशन में सभापति बने। 1918 दिल्ली में आयोजित कांग्रेस अधिवेशन की सभापति बने।
34. 1919 इंडेम्निटि बिल के विरोध में बड़ी काउंसिल में 5 घंटे का भाषण 1919 जलियाँवाला बाग के हत्याकांड के बाद पंजाब की सहायता की। 1919 पंजाब की जाँच कमेटी मे काम किया और पंजाब में पीड़ितों को सेवा समिति के द्वारा आर्थिक सहायता पहुँचायी।
35. 1920 बड़ी कौंसिल के चुनाव का परित्याग किया 1921 कांग्रेस की बंबई की बैठक में प्रिंस आँफ वेल्स का बायकाट का प्रस्ताव पास हुआ,मालवीय जी ने उसका विरोध किया।

36. 1921 लार्ड रीडिंग से मिलें।
37. 1922 4 फरवरी को गोरखपुर जिले में चौरी-चौरा कांड हुआ,मालवीय जी बारडोली गए और गांधीजी को देश की परिस्थिति से अवगत कार्य 1922 गाँधीजी के गिरफ्तार हो जाने पर मालवीय जी ने पेशावर से लेकर डिब्रूगढ़ तक दौरा किया और जनता को स्वराज्य,स्वदेशी और हिंदू मुस्लिम एकता का मर्म समझाया।सरकार ने कई स्थान पर मालवीय जी पर दफा 144 लागू किया पर एक बार भी उन्होंने उसका पालन नहीं किया।
38. 1923 काशी में अखिल भारतीय हिंदू महासभा का अधिवेशन मालवीय जी के सभापतित्व में हुआ,जिसमे सनातन धर्मी, आर्यसमाजी, बौद्ध, सिक्ख, जैनी, पारसी सभी संप्रदायों के लोगो ने शिरकत की।
39. 1924 हिन्दोस्थान टाइम्स(अँगरेजी दैनिक दिल्ली) का प्रबंध हांथ में लिया और जीवनपर्यन्त प्रबंध समिति के अध्यक्ष रहे 1924 प्रांतीय सनातन धर्म और रावलपिंडी के सभापति हुए।
40. 1924 प्रयाग में गंगा स्नान के लिए सत्याग्रह किया 1924 कोहाट में दंगे हुए और मालवीय जी वहाँ पहुँचे और पीड़ितों को सहायता पहुँचायी।
41. 1925 अमृतसर के दुर्गियाना मन्दिर और सरोवर की स्थापना करायी।
42. 1926 कलकत्ते में दंगे हुए,सरकार ने कलकत्ता जाने से रोका पर वे गए। 1926 लाला लाजपत राय के साथ नेशनलिस्ट पार्टी कायम की।
43. 1927 हरिद्वार तीर्थ की सम्मान रक्षा के लिए आंदोलन शुरू किया 1927 काशी में दशाश्वमेध घाट पर मालवीय जी ने अछूतों को मंत्र दिए 1928 अखिल भारतीय सनातन धर्म महासभा का अधिवेशन मालवीय जी के सभापतित्व में हुआ।
44. 1928 पंजाब दौरा 1928 कलकत्ते में अछूतों को मंत्र दीक्षा दी 1928 31 अक्टूबर 1928 को साइमन कमीशन के बहिष्कार के सम्बन्ध में लाहौर गए,उसी समय पुलिस ने लाला लाजपत राय पर लाठीचार्ज कर दिया और जिसकी चोट से 17 नवंबर को लालाजी की मृत्यु हो गयी।
45. 1929 बेलगाव में हिंदू महासभा का आयोजन मालवीय जी के सभापतित्व में हुआ 1929 मालवीय जी ने लार्ड इरविन से मिलकर और लिखा पढ़ी करके गोल मेज सम्मेलन करवाया।

46. 1930 2 अप्रैल को कांग्रेस के आदेशानुसार मालवीय जी ने व्यवस्थापिका सभा से इस्तीफा दे दिया 1930 पेशावर में फिर गोलियाँ चली और मालवीय जी फिर पंजाब पहुँचे।

47. 1930 पहली अगस्त को लोकमान्य तिलक की पुण्यतिथि के जुलूस में मालवीय जी पकड़े गए और जेल भेजे गए।

48. 1930 27 अगस्त को दिल्ली में मालवीय जी फिर पकड़े गए और नैनी जेल भेजे गए।

49. 1931 29 अगस्त को मालवीय जी गोलमेज परिषद् में भाग लेने के लिए विलायत रवाना हुए।

50. 1932 दिल्ली कांग्रेस में जाते समय दनकौर स्टेशन पर मालवीय जी पकड़े गए और तीन चार दिन बाद इलाहाबाद लाकर छोड़ दिए गए 1932 पूना गए और सांप्रदायिक निर्णय में भाग लिया।

51. 1932 14 जनवरी को मालवीय जी विलायत से लौट आए और उन्होंने भारतवर्ष की विषम परिस्थिति के बारे में वाइसराय को पत्र लिखा।

52. 1933 हिंदू विश्वविद्यालय से 'सनातन धर्म' नाम का साप्ताहिक पत्र निकाला 1933 गंगा नहर के लिए एक बार फिर से दूसरी लड़ाई प्रारम्भ की 1933 कलकत्ता कांग्रेस में जाते हुए आसनसोल स्टेशन पर फिर पकडे गए।

53. 1934 रावलपिंडी में सनातन धर्म महासम्मेलन का सभापतित्व 1934 गाँधीजी के अछूतोद्धार का एक वर्ष का दौरा काशी में समाप्त हुआ,मालवीय जी ने उसकी सभा में भाषण किया। 1934 मालवीय जी ने कांग्रेस के अंतर्गत नेशनलिस्ट पार्टी बनायी। 1934 बिहार के भूकंप पीड़ितों के लिए धन जन की सहायता लेकर बिहार गए।

54. 1935 पूना के हिंदू महासभा के सत्रहवे अधिवेशन के अध्यक्ष चुने गए 1935 कांग्रेस के पचासवे वर्ष में उसकि स्मृति शिला का उदघाटन मालवीय जी के हांथों हुआ।

55. 1936 अखिल भारतवर्षीय सनातन धर्म महासभा का प्रयाग में सभापतित्व किया 1936 नासिक में अछूतों को मंत्र दीक्षा दी और धर्म प्रचार किया 1936 शिवरात्रि के अवसर पर काशी में हिन्दुओं का बड़ा भारी जुलूस निकाला और अगले दिन मालवीय जी ने हरिजनों को मंत्र दीक्षा दी

1936 फैजपुर की कांग्रेस सभा में मालवीय जी ने बड़ा ओजपूर्ण भाषण दिया।

56. 1938 स्वास्थ्य सुधार के लिए कायाकल्प का सहारा लिया, 17 जनवरी को कायाकल्प कुटी में प्रवेश किया और पूरे 45 दिन बाद निकले।
57. 1939 17 अक्टूबर को हिंदू विश्वविद्याल के कुलपति का पद अस्वस्थता के कारण छोड़ दिया।
58. 1941 गोरक्षा मंडल की स्थापना।
59. 1942 काशी हिंदू विश्वविद्यालय की, 'रजत जयंती' गाँधी जी का दीक्षांत भाषण।
60. 1946 12 नवम्बर को महाप्रयाण।